ABI ab 2024

Auf einen Blick

Deutsch

Hessen

STARK

Bildnachweis

S. 34: Caspar David Friedrich, Wanderer über dem Nebelmeer, https://commons.wikimedia.org/wiki/File:Ueber-die-sammlung-19-jahrhundert-caspar-davidfriedrich-wanderer-ueber-dem-nebelmeer.jpg

S. 56: Edvard Munch 1895, Lithographie, Der Schrei; Welcome Library cc-by-sa 4.0

www.stark-verlag.de

Inhalt

Texte des Epochenumbruchs 19./20. Jahrhundert

Sprache, Medien, Wirklichkeit

Allgemeines

Anhang

Was erwartet mich?

Die **Prüfungslektüren des Deutschabiturs in Hessen ab 2024** sind breit gestreut und reichen von Goethes *Faust I* über Hoffmanns *Der Sandmann* und Büchners *Woyzeck* bis hin zu Zehs *Corpus Delicti* (**GK und LK**). Für den **LK** ist außerdem Manns *Mario und der Zauberer* vorgegeben. Außerdem sind sowohl für den GK als auch für den LK die Themen *Lyrik der Romantik*, *Texte des Epochenumbruchs 19./20. Jahrhundert* und *Sprache, Medien, Wirklichkeit* relevant. Bei dieser Themenvielfalt ist es nicht immer leicht, den Überblick zu behalten. Ihnen dabei zu helfen, ist das Hauptanliegen des vorliegenden Büchleins.

- Jede Doppelseite beginnt mit einem **Schaubild**, das ein schnelles Erfassen des Themas ermöglicht und seine zentralen Merkmale veranschaulicht. Durch die grafische Gestaltung werden Zusammenhänge auf einen Blick deutlich und sind leichter zu behalten. Das **Kästchen** neben den Grafiken vermittelt wissenswerte, interessante oder kuriose Zusatzinformationen zum Thema. Diese gehören sicher nicht zum Standardwissen, können aber dabei helfen, sich die abiturrelevanten Inhalte besser einzuprägen.
- Die Doppelseiten zum **Inhalt** fassen die Handlung der literarischen Werken ***Faust I*, *Der Sandmann*, *Woyzeck*, *Mario und der Zauberer*** und ***Corpus Delicti*** prägnant zusammen. Es folgt eine strukturierte Übersicht zu **Aufbau und Form** sowie zu einzelnen **Deutungsansätzen**.
- Das Kapitel zur ***Lyrik der Romantik*** gliedert sich folgendermaßen: Zentrale Themen, Form und Sprache, Kurzbiografien: zentrale Autoren.
- Der Schwerpunkt ***Texte des Epochenumbruchs 19./20. Jahrhundert*** umfasst eine Zeit, in der Schriftstellerinnen und Schriftsteller mit innovativen formalen Mitteln und Inhalten auf die komplexer werdende Welt reagierten. Drei Doppelseiten vermitteln Wissen zum **historischen Hintergrund**, beleuchten die rasante **wirtschaftliche Entwicklung** und die **Umwälzungen in Wissenschaft und Weltbild**. In der Folge werden die literarischen **Epochen Naturalismus, Ästhetizismus und Expressionismus** sowie ihre Unterströmungen vorgestellt. Beispieltexte aus **Epik und Lyrik** verdeutlichen, dass eine eindeutige Epochenzuordnung oft nicht möglich ist.
- Das Thema ***Sprache, Medien, Wirklichkeit*** wird auf mehreren Doppelseiten behandelt. Zunächst werden wesentliche Aspekte der politischen Kommunikation erklärt. Dann rücken der **Medienwandel** und seine Auswirkungen auf den politisch-gesellschaftlichen Diskurs in den Mittelpunkt. Es folgt eine Doppelseite zu aktuellen Diskussionen um **Sprachreglementierungen**. Abgeschlossen wird das Thema mit einem Überblick über die **Sapir-Whorf-Hypothese** und zentrale Kritikpunkte daran.
- Im abschließenden Kapitel **Allgemeines** fasst eine **Mini-Literaturgeschichte** die zentralen Epochen vom Barock bis zur Gegenwart knapp zusammen. Außerdem stellt eine Doppelseite die wichtigsten Merkmale der für das Abitur relevanten **Textsorten** dar. Eine **Stilmittel-Übersicht** mit gut zu merkenden Beispielen rundet das Grundwissenskapitel ab.

Der STARK Verlag wünscht Ihnen mit dem Buch viel Freude und für das Abitur viel Erfolg!

Das vorliegende Buch bezieht sich bei Seitenangaben auf die folgenden Textausgaben:
E.T.A. Hoffmann: Der Sandmann. Durchges., bibliograf. erg. Aufl. Stuttgart: Reclam 2004.
Juli Zeh: Corpus Delicti. Ein Prozess. München: btb Verlag 2010.

Auf einen Blick

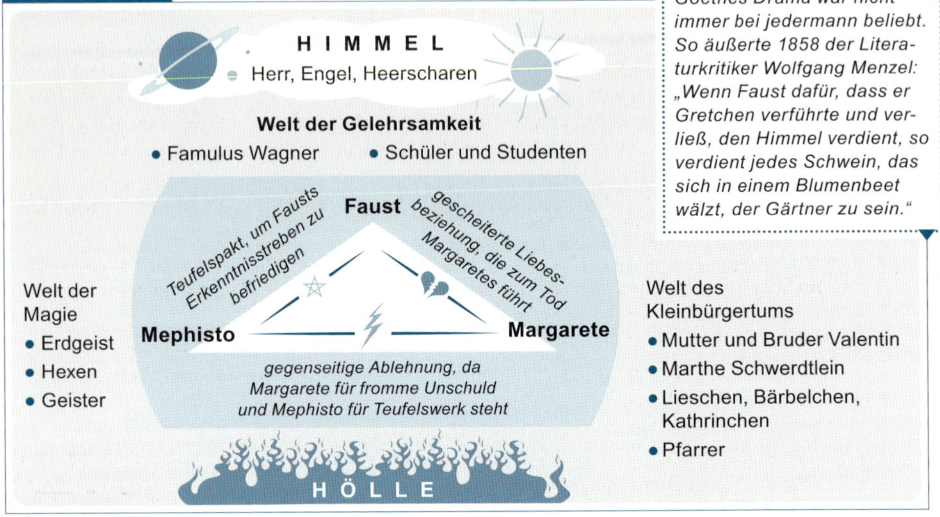

Goethes Drama war nicht immer bei jedermann beliebt. So äußerte 1858 der Literaturkritiker Wolfgang Menzel: „Wenn Faust dafür, dass er Gretchen verführte und verließ, den Himmel verdient, so verdient jedes Schwein, das sich in einem Blumenbeet wälzt, der Gärtner zu sein."

Vorspann

- **Zueignung:** Erinnerungen eines Dichters an vergangene Zeiten und Ideen, die ihn mit neuer Schaffenskraft erfüllen
- **Vorspiel auf dem Theater:** Diskussion darüber, was ein Theaterstück ausmacht:
  – Direktor: ausverkaufte Vorstellungen und volle Kasse → Angebote für jeden Geschmack
  – Dichter: Kunst im Zentrum, für die er Zeit und Muße braucht
  – Lustige Person (Schauspieler): Hinwendung zum vollen Menschenleben
- **Prolog im Himmel:** Disput zwischen Gott und Mephisto über den Menschen → Wette mit Fausts Seelenheil als Einsatz: Mephisto will an Faust Verführbarkeit des Menschen zeigen

Gelehrtentragödie

- **Nacht:** Monolog des Gelehrten Faust über seine **Verzweiflung**, trotz seiner Studien und des Einsatzes von Magie nicht zu wahrer Erkenntnis gelangen zu können → Heraufbeschwören des **Erdgeists**, der Faust verspottet, weil er ihm nicht standhalten kann → **Selbstmord** als Lösung, von dem ihn österliches Glockengeläut und Chorgesang der Engel abhalten
- **Vor dem Tor:** Osterspaziergang von Faust und dem Famulus Wagner, auf dem Faust sich seiner **inneren Zerrissenheit** zwischen sinnlichen und übersinnlichen Genüssen bewusst wird
- **Studierzimmer I:** erste Begegnung von Faust mit Mephisto und Erwägung eines Teufelspakts
- **Studierzimmer II:** Abschluss des **Pakts zwischen Faust und Mephisto:** Wenn Mephisto Fausts rastloses Streben befriedigen kann und Faust im Augenblick verweilen will, verliert der Doktor sein Seelenheil an den Teufel. → Aufbruch zur Erkundung der Welt
- **Auerbachs Keller in Leipzig:** Reise in die Welt der Sinnenfreuden
- **Hexenküche:** Besuch in Mephistos Welt mit Magie und Hexerei → **Verjüngung** Fausts, der Idealbild einer Frau im Spiegel erblickt = Vorbereitung der Gretchenhandlung

Gretchentragödie

- **Straße I:** erste Begegnung von **Faust und Margarete**, bei der Faust ihr sein Geleit anbietet, das sie als unschicklich ablehnt → Aufforderung Fausts an Mephisto, ihn mit Margarete zu verkuppeln
- **Abend:** Eindringen von Faust und Mephisto in Margaretes Zimmer, wo Faust von Verliebtheitsgefühlen (aber auch von schlechtem Gewissen wegen Margaretes Unschuld) überwältigt wird → Zurücklassen eines Schmuckkästchens als Geschenk für Margarete, das diese bei ihrer Rückkehr verzückt entdeckt
- **Spaziergang:** Ärger Mephistos über Margaretes Umgang mit dem Schmuck, den ihre Mutter dem Pfarrer aushändigte
- **Der Nachbarin Haus:** Klagen Marthes über ihr Strohwitwendasein; Margarete präsentiert ihr neues Schmuckgeschenk und Mephisto arrangiert ein Treffen zwischen Faust und Margarete
- **Straße II:** Entlarvung von Fausts Scheinheiligkeit durch Mephisto
- **Garten:** Parallelunterhaltungen von Faust und Margarete sowie Mephisto und Marthe
  - Margaretes Erzählungen von ihrer Kindheit und **Befragung des „Blumenorakels“**, das ihr Fausts Liebe bestätigt
  - Versuche Marthes, Mephisto zu einer festen Bindung zu überreden
- **Ein Gartenhäuschen:** Austausch von ersten **Zärtlichkeiten** zwischen Faust und Margarete
- **Wald und Höhle:** Hinwendung Fausts an den Erdgeist und Beschreibung seiner Freude angesichts des Erlebten, dann aber Klagen über Zerstörung seiner inneren Ruhe; Auftauchen Mephistos, der Faust zur Entscheidung anstachelt, Margarete zu verführen
- **Gretchens Stube:** Gesang Margaretes, der ihre Sehnsucht nach Faust offenbart
- **Marthens Garten:** Religionsgespräch von Faust und Margarete, in dem Margarete ihre Zweifel hinsichtlich Mephisto äußert, auf die Faust ausweichend reagiert → Planung einer Liebesnacht
- **Am Brunnen:** Gespräch über Bärbelchen, die nach Liebschaft unverheiratet schwanger ist → Deutlichwerden von **gesellschaftlichen Zwängen und Sanktionen**, die Margarete drohen
- **Zwinger:** Gebet Margaretes, in dem sie Muttergottes um Hilfe bittet
- **Nacht:** Kampf zwischen Faust und Margaretes Bruder Valentin; der tödlich verwundete Valentin wirft seiner Schwester ihren unmoralischen Lebenswandel vor
- **Dom:** Konfrontation Margaretes mit all ihren Sünden – Vergiftung der Mutter durch Schlaftrank, Tod ihres Bruders durch Kampf mit Faust, uneheliche Schwangerschaft
- **Walpurgisnacht:** Versuch Mephistos, Faust durch wildes Treiben auf dem Blocksberg von Margarete abzubringen → Vision Fausts von Margaretes schrecklichem Schicksal
- **Walpurgisnachtstraum:** Theateraufführung auf dem Blocksberg, die Faust von seiner Erschütterung ablenken soll
- **Trüber Tag. Feld:** Drängen Fausts auf Rettung Margaretes, der wegen Kindstötung die Hinrichtung droht
- **Nacht, offen Feld:** Weg von Faust und Mephisto zum Kerker
- **Kerker:** Versuch, Margarete zu retten, die sich aber weigert, Faust und Mephisto zu folgen, weil sie erkennt, dass Faust sie nicht wirklich liebt und mit dem Teufel im Bunde steht → Verkündung von **Margaretes Rettung** durch göttliche Stimme von oben

Zitat

„Werd ich zum Augenblicke sagen: / Verweile doch! du bist so schön! / Dann magst du mich in Fesseln schlagen, / Dann will ich gern zugrunde gehen!“ (Pakt von Faust mit Mephisto, V. 1699 ff.)

Auf einen Blick

Ganz häufig zitieren wir unabsichtlich aus „Faust I“, wenn wir Redensarten wie „zu des Pudels Kern vordringen“ oder „die Gretchenfrage stellen“ verwenden.

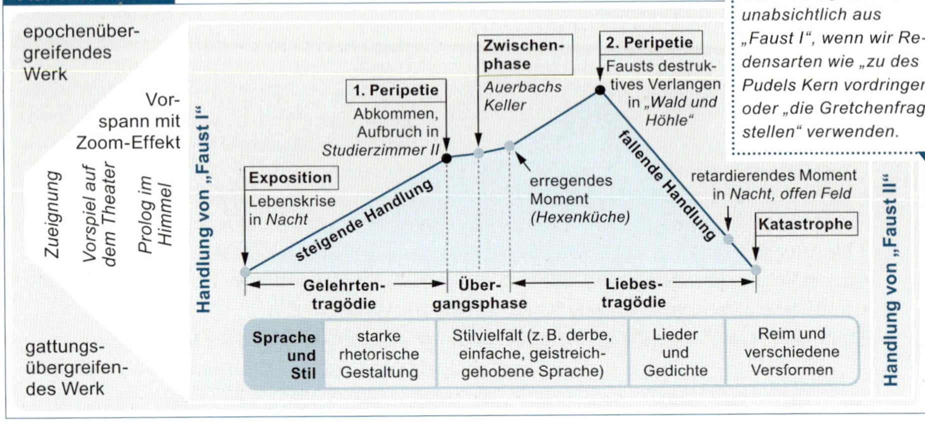

Schachtelstruktur des gesamten Dramas

- in der 1808 veröffentlichten Tragödie *Faust I* dreiteiliger **Vorspann mit Zoom-Effekt:**
  - Kerngeschehen der irdischen Faust-Handlung rückt schrittweise näher
  - *Prolog im Himmel* als Auftakt zur metaphysischen **Rahmenhandlung**, die sich in höherer Sphäre abspielt → Spannung: Wird sich Faust als guter Mensch erweisen?
  - **Motto** über Gesamtwerk: „Wer immer strebend sich bemüht, den können wir erlösen.“ (*Faust II*) → Gott als Weltenherrscher hält im Hintergrund die Fäden zusammen
- **Binnenhandlung:**
  - **Der Tragödie erster Teil** (*Faust I*) mit Gelehrtentragödie, Übergangsphase (*Auerbachs Keller, Hexenküche*) und Gretchentragödie; Teilabschluss der Rahmenhandlung in der Kerkerszene
  - **Der Tragödie zweiter Teil** (*Faust II*) mit Ende der Binnenhandlung (veröffentlicht 1832)
- Komplettabschluss der Rahmenhandlung mit Fausts Erlösung und Wiedervereinigung von Faust und Margarete im Himmel (*Faust II*)

Form

- keine Unterteilung in Akte, nur in **Szenen** → Herstellung von Kohärenz durch:
  - **linearen, klaren Aufbau** mit kausal verknüpften Szenen, von denen nur wenige Szenen(teile) entbehrlich sind, z. B. Mephistos Studienberatung oder der Walpurgisnachtstraum
  - **Vorausdeutungen**, z. B. Gesang der Bauern „Wie mancher hat nicht seine Braut / Belogen und betrogen!“ (V. 974 f.)
  - **Spiegelungen und Kontraste**, z. B. Fausts Gefühl des Gefangenseins in seiner Gelehrtenexistenz / Margaretes Gefangensein im Kerker
  - antithetisch gestaltete **Leitmotive**, z. B. Wort und Tat, Wissbegierde und Wissenschaftskritik
- keine durchgehende Konsequenz in Bezug auf die drei Einheiten eines Dramas nach Aristoteles:
  - **keine Einheit des Ortes** wegen häufig wechselnder Schauplätze
  - **Einheit der Zeit nur zu Beginn** in Studierzimmerszenen, später Beschleunigung und Raffung, z. B. Zeit zwischen erster Liebesnacht von Faust und Margarete und Margaretes Haft
  - Einhaltung der **Einheit der Handlung**

- **asymmetrischer Aufbau:** Umschwung zur fallenden Handlung vollzieht sich nicht in der Mitte, sondern es gibt zwei Peripetien
  - **erste Peripetie:** Faust gibt Gelehrtenexistenz auf und bricht mit Mephisto zu Welterkundungstour auf
  - **zweite Peripetie:** Beschluss Fausts, Margarete zu verführen (*Wald und Höhle*)

Sprache und Stil

- Vorherrschen von **gereimter Sprache**, um unmittelbare Wirkung des Stoffs zu dämpfen (Ausnahme: *Trüber Tag. Feld* in Prosa zeigt Fausts aufgewühlte Gefühlslage, als er von Margaretes Kerkerhaft erfährt)
- **unterschiedliche Versarten**, um Charaktere und Gefühlslagen deutlicher herauszuarbeiten:
  - **Madrigalvers:** geistreicher, flüssiger Plauderton; typisch für Mephisto
  - **Knittelvers:** volkstümlich und bürgerlich-bieder; typisch für Margarete, auch Faust in bestimmten Szenen
  - **freie Rhythmen:** zeigen emotionale Erregung, z. B. von Margarete im Kerker
  - **Blankvers:** getragen und ernst; nur in der Zueignung und in Fausts Monolog (Szene *Wald*)
  - **Alexandriner:** feierlich; selten in *Faust II*
- häufiges Vorkommen von strophischen, lyrischen Formen als **Lieder, Gedichte und Gebete:**
  - Verweis auf **magisch-religiöse Sphäre**, z. B. Geisterstimmen im Studierzimmer oder Gebet Margaretes im Zwinger
  - Verweis auf **volkstümliche Sphäre**, z. B. Margaretes Gesang am Spinnrad

Gattungsbestimmung und Epochenzugehörigkeit

- Merkmale einer **Tragödie** (v. a. auf inhaltlicher Ebene), z. B. Erlangung tragischer Würde durch Margarete, da sie sich aktiv gegen ihre Befreiung und für ihre Hinrichtung entscheidet
- Merkmale eines **bürgerlichen Trauerspiels**, z. B. Nichtbefolgen der Ständeklausel und gängiges Plotschema (Verführung eines ehrbaren Bürgermädchens durch adeligen Mann)
  ABER: Entlarvung der Doppelmoral des Bürgertums, da Konflikt sich innerhalb des Bürgertums abspielt und Sittsamkeit nur von Frau gefordert wird
- **komödienhafte Ansätze** in der Form durch gebrochenes Pathos: **Wortwitz** Mephistos oder **Situationskomik**
  ABER: Tragik überwiegt
- **Anklänge an mittelalterliche Formen** wie Mysterienspiel und Schwank, z. B. *Prolog im Himmel* oder Derbheiten in der Hexenküche
- *Faust I* als epochenübergreifendes Werk:
  - **Aufklärung:** Glaube an menschliche Fähigkeit zur Vervollkommnung, z. B. Fausts Ringen um Erkenntnis
  - **Sturm und Drang:** Aufbegehren gegen gesellschaftliche Zwänge, Geniekult, Thema Kindsmord, Fausts Anspruch auf Erlebnisintensität
  - **Klassik:** Streben nach Harmonie und Humanität, z. B. Faust als Repräsentant der Gattung Mensch, kunstvolle Sprachgestaltung
  - **Romantik:** Hinwendung zum Unbewussten und Rätselhaft-Mythischen, z. B. Fausts innere Zerrissenheit, Auftreten von Geistern und Hexen

Auf einen Blick

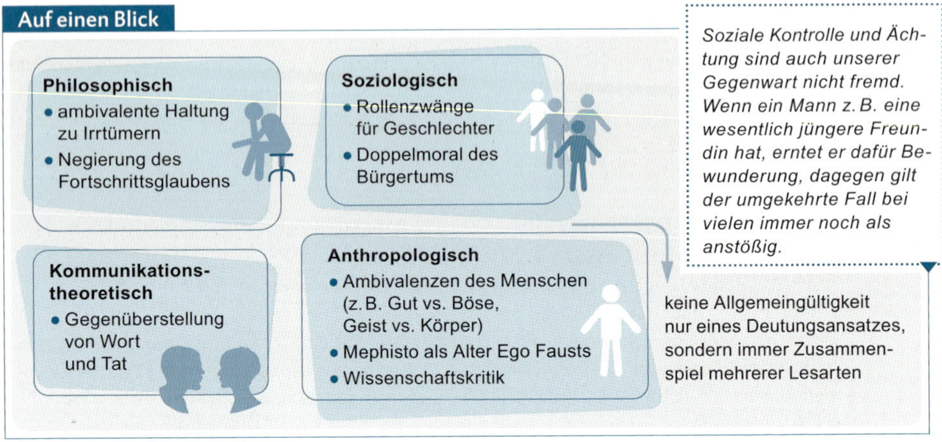

Philosophische Lesart

- Irren als Begleiterscheinung von Streben: „Es irrt der Mensch so lang er strebt." (V. 317)
- möglicherweise **Angriff auf den Humanismus der Aufklärung**, der von beständiger Höherentwicklung des Menschen ausgeht → **Negierung des aufgeklärten Fortschrittsglaubens**
- Widerspiegelung des Mechanismus der **„Dialektik der Aufklärung":** Umschlagen einer zweckgerichteten Rationalität in Barbarei, z. B. wenn Mephisto dem Herrn vorwirft, den Menschen mit Vernunft ausgestattet zu haben, wodurch dieser „tierischer als jedes Tier" (V. 286) werde
- **ambivalente Haltung zu Irrtümern**, da diese die menschliche Entwicklung auch voranbringen: Mephisto als **notwendiger Widerstand im Prozess des Fortschritts**, ohne den keine Entwicklung möglich wäre
- Irrwege des Menschen auch von Gott gelenkt → **Mephisto als Verkörperung des Bösen** ist integraler **Bestandteil der Schöpfung**
- **Ganzheit vs. Partialität:** Mephisto ist nur ein Teil der Schöpfung, die er gerade durch die ständige Verneinung bestätigt und anerkennt

Kommunikationstheoretische Lesart

- **Gegenüberstellung von Wort und Tat** bzw. von Sprache und Wirklichkeit: vergeistigtes Gelehrtendasein steht lebenspraller Sinnlichkeit gegenüber
- Drama deckt Vereinfachung dieser Polarität auf, da gezeigt wird, dass **Reden auch Handeln** sein kann genauso wie **Worte manipulieren und täuschen** können
  - z. B. **Verfluchung und Verleumdung Margaretes** durch Valentin führt zu deren Ächtung
  - Faust stellt Ausdrucksfähigkeit der Sprache immer nur dann infrage, wenn es ihm selbst nützt, z. B. **Ausweichen vor Liebeserklärung bzw. vor Religionsgeständnis**
  - Mephisto unterstellt gelehrter Rede Mangel an gedanklicher Tiefe
  - **Jonglieren Mephistos mit Begriffen und Perspektiven**, um seine Zwecke zu verfolgen, z. B. „Ein Teil von jener Kraft, / Die stets das Böse will und stets das Gute schafft." (V. 1335 f.)

  → Drama lehrt durch geistreiche und eloquente Textpassagen, sowohl der Sprache (**Manipulationsgefahr**) als auch denen, die ständig deren Unzulänglichkeit betonen, zu misstrauen

Soziologische Lesart

- **gesellschaftliche Rahmenbedingungen** machen sexuelle Triebe zu Quelle tragischen Leidens
  → Offenlegung der **Beschränkungen, denen Geschlechterrollen jeweils unterliegen**
  – **Mann als aktiver Teil** erlebt Liebesabenteuer und ist dynamisch auf die Außenwelt gerichtet (z. B. Mephisto und Faust)
  – **Frau ist passiv** und will Mann für Ehe und häusliches Familienleben gewinnen (z. B. Marthe und Margarete)
  → Faust kann nach Affäre mit Margarete zu neuen Abenteuern weiterstreben, während Margarete die Beziehung mit dem Leben bezahlen muss
  ABER: Margarete ist nicht nur passiv, da sie Faust im Kerker anklagt = **Auflösung der traditionellen Geschlechterpolarität**
- Goethe entlarvt **Doppelmoral des Bürgertums**, da er Kluft zwischen Faust und Margarete innerhalb des Bürgertums verortet (Drama spielt nicht tugendhaftes Bürgertum gegen verwerflichen Adel aus): Faust fühlt sich Margarete überlegen, die für ihn nur kurzes Abenteuer ist, wodurch er ihr Leben zerstört
- Liebestragödie ist **Attacke auf inhumanen Sittenkodex** der bürgerlichen Gesellschaft: **Kindsmord** = Verzweiflungstat einer von Ächtung bedrohten Frau → **Gesellschaftskritik**, die Margarete nicht explizit formulieren kann, wird durch ihr Leiden ausgedrückt

Anthropologische Lesart

- **Faust als Repräsentant des gesamten Menschengeschlechts** auf seiner Odyssee durch die Geschichte (v. a. in *Faust II*)
- Darstellung der Ambivalenz des Menschen:
  – Gut vs. Böse
  – Geist vs. Körper
  – Lebensbejahung vs. -zerstörung
  – innere Unendlichkeit vs. äußere Begrenztheit
  → Wie kann man den richtigen Weg finden? – Mensch muss über Maß und Entsagen **beide Seiten in Einklang** bringen (Ideal der Klassik)
- **Mephisto als Alter Ego Fausts**, das das Böse und den Nihilismus in jedem einzelnen Menschen verkörpert: Faust-Figur zeigt Widersprüchlichkeit des Lebens und Vieldeutigkeit der Wirklichkeit
- **Faust als Symbol für Selbstüberschätzung und Hochmut** des Menschen, die ins Verderben führen müssen → **Teufelspakt** = ungehemmtes Ausleben dämonischer Bestrebungen im Menschen selbst, weshalb sich Mephistos Auftreten aus Fausts innerer Einstellung ergibt
- **Wissenschaftskritik**, z. B. Mephistos sarkastische Studienberatung, und **Kritik an unbedingtem Erkenntnisstreben**, das auch Teufelspakt in Kauf nimmt: Faust will wissen, „was die Welt / Im Innersten zusammenhält“ (V. 382 f.), und stürzt dadurch sich selbst und Margarete ins Verderben → Faust ist nicht nur vorbildlicher Tatmensch, sondern sein **ungezügelter Wille zur Herrschaft** über Naturkräfte macht ihn für Schwarze Magie verführbar → Streben nach Gottgleichheit **führt zu Vermessenheit**

Auf einen Blick

„Heutzutage" raubt der Sandmann keine Augen mehr. In der TV-Sendung „Das Sandmännchen" streut er Zaubersand, der den Kindern schöne Träume bescheren soll.

Drei Briefe

Erster Brief – Nathanael an Lothar

- **beängstigender Besuch des Wetterglashändlers Coppola** bei dem Studenten Nathanael
- Ahnung Nathanaels: Coppola sei der Advokat Coppelius aus seiner Kindheit
- Kindheitserinnerung an Coppelius:
  - Coppelius: bedrohliche Figur, die zu Nathanaels Vater kommt und mit ihm geheime Dinge treibt
  - Nathanaels Verknüpfung des Coppelius mit der **Kinderschreckfigur des Sandmannes**, der nach der Erzählung der Kinderfrau schlafunwilligen Kindern die **Augen raubt** → **große Angst**
  - Verstecken Nathanaels im väterlichen Arbeitszimmer, als Coppelius mit dem Vater alchemistisch experimentiert → Entdecken des Jungen → Coppelius' Drohung, ihm die **Augen zu nehmen** → Bewusstlosigkeit Nathanaels und langer, fieberhafter Schlaf
  - ein Jahr später: erneuter Besuch Coppelius' → **Tod des Vaters** bei einem der Experimente
- Nathanaels Überzeugung, dass **Coppola mit Coppelius identisch** ist

Zweiter Brief – Clara an Nathanael

- Clara als Empfängerin des „Briefes an Lothar" wegen falscher Adressierung
- Claras Erschütterung angesichts der Erzählungen Nathanaels
- nach Gespräch mit dem Bruder Lothar aber **rationalisierende Reaktion:**
  - rationale Entzauberung: Verknüpfung Coppelius' mit dem **Sandmann als Einbildung**
  - Erklärung, dass dunkle Mächte nur wirken können, wenn der Mensch sie im Innern wirken lässt → **dunkle Macht** nur **als innere, psychische** und nicht als äußere, wirkliche Macht
  - Rat, den Gedanken an Coppelius/Coppola zu verdrängen

Dritter Brief – Nathanael an Lothar

- Nathanaels **Enttäuschung** angesichts der als kühl empfundenen Reaktion Claras und angesichts der Gespräche zwischen Lothar und ihr über ihn
- Auffassung, Coppola sei doch nicht mit Coppelius identisch – aber dennoch **keine Beruhigung**
- Bericht über **Olimpia**, Tochter des Physik-Professors Spalanzani, die dieser abschirmt und die starr und leblos auf ihn wirkt
- Ankündigung, zu Clara und Lothar zu reisen

Nathanael und Clara

- Ansprache des Lesers durch Erzähler: Begründung dafür, zuerst die drei Briefe zu präsentieren
- Nathanaels Ankunft bei Clara: vorübergehendes **Verschwinden der dunklen Gedanken**, dann zunehmend **Wesensveränderung:** Ahnungen, der Mensch sei Spielball dunkler Mächte
- **Unverständnis Claras** für Nathanael → Erklärung, der Dämon sei nur in seinem Inneren
- fortwährende Versuche, Clara an seinen Vorstellungen **teilhaben** zu lassen → u. a. auch durch das Vorlesen selbst geschriebener **literarischer Texte** → Claras Bitte, dass Nathanael eine seiner Dichtungen vernichte → **beleidigende Reaktion** Nathanaels
- **Eskalation** eines daran anschließenden Streits zwischen Lothar und Nathanael → **Verhinderung eines Duells** zwischen den beiden durch Clara → **Versöhnung**

Nathanael und Olimpia

- Rückkunft Nathanaels in die Stadt G., in der er studiert – alte Wohnung aber abgebrannt
- **Umzug** Nathanaels in eine **Wohnung gegenüber von Spalanzani** → Desinteresse für Olimpia, die er oft durchs Fenster regungslos am Tisch sitzen sieht
- neuerlicher **Besuch Coppolas**, der Brillen mit der Wendung „sköne Oke" anpreist und Nathanael erneut verstört → Kauf eines Perspektivs (Fernrohr) → **Änderung der Wahrnehmung Olimpias durch das Perspektiv:** u. a. Faszination für die Lebendigkeit ihrer bisher eher tot wirkenden Augen → Verdrängung der Gedanken an Clara
- bei einem von Spalanzani ausgerichteten Fest: Entflammen der **Liebe zu Olimpia**, die allerdings nur mit einem „Ach – ach!" auf ihn reagiert
- Olimpia in der öffentlichen Wahrnehmung als **stumpfsinniger Mensch** → Nathanaels Verärgerung darüber → Nathanaels Verteidigung Olimpias gegenüber seinem Freund Siegmund
- häufige und lange Besuche bei der wortkargen Olimpia → Nathanaels Überzeugung, **sie allein verstehe ihn** → Vorhaben, ihr einen **Heiratsantrag** zu machen
- Nathanaels Beobachtung einer **Auseinandersetzung zwischen Coppola und Spalanzani** um Olimpia → erschreckende Erkenntnis, dass **Olimpia** eine **Puppe** ist → Ausbruch des **Wahnsinns** bei Nathanael, nachdem Coppelius (Konstrukteur ihrer Augen) mit dem augenlosen Körper flieht und der verletzte Spalanzani (Konstrukteur des Körpers) Nathanael ihre **Augen** zuwirft
- Rettung des Professors vor dem im Wahn wütenden Nathanael durch mehrere Menschen
- z. T. **empörte Reaktion** der Öffentlichkeit auf Enthüllung, dass Olimpia eine Puppe ist; Bemühen Verliebter, die eigene Lebendigkeit zu beweisen und den Partner auf Lebendigkeit zu prüfen

Nathanaels Suizid

- Erwachen Nathanaels nach längerer Zeit bei seiner Mutter und Clara → zunehmende **Genesung** Nathanaels
- Nathanaels Wille, Clara zu **heiraten** und mit ihr auf ein geerbtes Gut zu ziehen
- Besteigen eines Rathausturms bei einem Stadtbesuch:
  - Entdecken eines seltsamen grauen Busches in der Ferne → Nathanaels Nutzung des **Perspektivs** → erneutes Ausbrechen des Wahnsinns bei Nathanael, als er durch das Perspektiv Clara erblickt → Versuch, **Clara vom Turm zu werfen**
  - Rettung Claras durch den hinaufstürmenden Lothar
  - Nathanaels absichtlicher **tödlicher Sturz** vom Turm, als dieser Coppelius vor dem Turm sieht
- Ausblick: Claras späteres Glück mit einem anderen Mann

Auf einen Blick

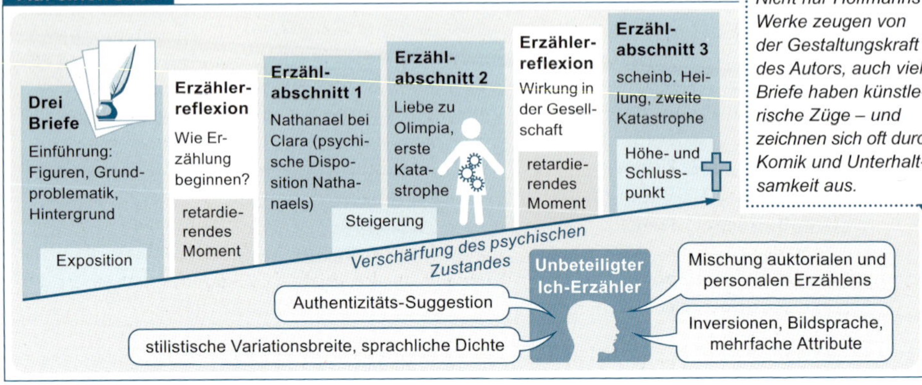

Nicht nur Hoffmanns Werke zeugen von der Gestaltungskraft des Autors, auch viele Briefe haben künstlerische Züge – und zeichnen sich oft durch Komik und Unterhaltsamkeit aus.

Aufbau und Struktur

- Äußere Struktur der 1816 erschienenen Erzählung:
  - **Drei Briefe** (jeweils mit Überschrift): Nathanael an Lothar, Clara an Nathanael, Nathanael an Lothar
  - **Zwei mit Strich** voneinander abgehobene **Erzählabschnitte:**
    1. Erzählerreflexion und Nathanaels Aufenthalt bei Clara
    2. Liebe zu Olimpia, geistige Verwirrung, Genesung, Heiratsvorhaben, Sturz vom Turm
- Innere Struktur:
  - **Drei Briefe** als **Exposition:** Einführung der Figuren, der Grundproblematik (Besuch Coppelius' als Auslöser) und des traumatischen Hintergrunds
  - retardierender **Erzähler-Exkurs:** Reflexion des Erzählansatzes
  - **Erzählabschnitt 1:** Nathanaels Aufenthalt bei Clara → eigener Spannungsbogen (Beruhigung zu Beginn, zunehmende Eskalation mit drohender Katastrophe und schließlich Versöhnung)
  - **Erzählabschnitt 2:** Nathanaels Beziehung zu Olimpia (wiederum Besuch Coppelius' als Auslöser) → eigener Spannungsbogen mit einer **ersten Katastrophe** (Sich-Verlieben in Puppe bis hin zur Beobachtung des Streits zwischen Coppola und Spalanzani und daraus resultierendem Wahnsinn Nathanaels)
  - retardierender **Erzähler-Exkurs:** Reaktionen der Öffentlichkeit auf Olimpia-Enthüllung
  - **Erzählabschnitt 3: retardierendes Moment** (Genesung Nathanaels) und schlussendliche **Katastrophe** (Suizid Nathanaels)
- Steigerungsprinzip:
  Erzählabschnitt 1: Verdeutlichung der **psychischen Disposition** Nathanaels (Tendenz zu Fantasiewelten)
  Erzählabschnitt 2: **Verschärfung des psychischen Zustandes** (Wirklichkeitsverkennung: Olimpia als liebenswerter Mensch; sich daraus ergebender psychischer Zusammenbruch)
  Erzählabschnitt 3: **Höhe- und Schlusspunkt** (erneuter Wahnsinn mit Eskalation bis hin zur Tötungsabsicht gegenüber Clara und schließlich Suizid)
- retardierende Momente ebenfalls als Mittel der Spannungssteigerung
- Leitmotive als zentrales Strukturelement: Augen als (vermeintlicher) Spiegel der Seele und als (nicht immer „objektives") Wahrnehmungsorgan; Automaten-Menschen

Erzählweise

- **unbeteiligter Ich-Erzähler:**
  - Selbstreflexion im Hinblick auf die eigene Erzählweise
  - **Wirklichkeits-/Authentizitäts-Suggestion** durch Leser-Ansprache
  - Unklarheit, wie Ich-Erzähler die Geschichte erfahren hat (außer Lothars Weitergabe der Briefe)
  - **Züge auktorialen Erzählens** durch großes Wissen über die Figuren und die Vorgänge in ihrem Inneren – teilweise auch Distanzierung von Nathanaels Sicht der Dinge
  - aber oft auch **Tendenz zu personalem Erzählen:** Beschränkung auf Nathanaels (offenbar beeinträchtigte) Wahrnehmung → **Verunsicherung des Lesers** z. B. im Hinblick darauf, ob Coppola mit Coppelius identisch ist, und Hineinziehen in das „ver-rückte" Erleben Nathanaels
- teilweise **multiperspektivisches Erzählen:** z. B. die drei Briefe als unvermittelte Wiedergabe der Perspektive zweier Figuren
- **Zeitgestaltung:**
  - Erzählzeitpunkt: mehrere Jahre nach dem Geschehen → Rückblick
  - Verhältnis von erzählter Zeit und Erzählzeit: zurückhaltend **zeitraffendes Erzählen** mit gelegentlicher Tendenz zur **Zeitdeckung** bei der Darstellung wichtiger Szenen (z. B. zweite Begegnung mit Coppola; Streit Spalanzanis und Coppolas um Olimpia)
- **Darbietungsformen:**
  - Vielfalt in der Wiedergabe von Gedanken: von der **direkten Rede** über die **erlebte Rede** und die **indirekte Rede** bis hin zum **Bewusstseinsbericht**
  - direkte und indirekte Rede auch bei der Wiedergabe von Gesprochenem
  - Dialogpassagen meist mit Beschreibung der Figuren, des ablaufenden Geschehens oder auch der Wahrnehmung Nathanaels durchsetzt
- Tendenz zu **szenischem Erzählen** bei Darstellung einzelner Geschehnisse → Unmittelbarkeit

Sprache und Stil

- große **sprachlich-stilistische Variationsbreite** und **sprachliche Dichte**
- differenzierende und intensivierende **Doppelungen** (z. B. S. 37: „klapperten und dröhnten")
- Dramatisierung spannender Kernszenen durch kurze, oft asyndetische, z. T. **elliptische Sätze**
- Verwendung von Farbbeschreibungen: Adjektive „rot" und „dunkel" als Andeutung von Gefahr
- **mehrfache** (oft asyndetisch gereihte) **Attribute** zu einem Bezugswort → intensive, anschauliche und genaue Beschreibung von Menschen, Gegenständen und Situationen
- **abwechslungsreiche Syntax:** parataktisch geprägte Satzstrukturen (oft in dramatischen Schilderungen) und hypotaktische Satzstrukturen (oft in raffenden oder reflektierenden Passagen)
- **Inversionen** → stilistische Abwechslung und intensivierende Betonung wichtiger Worte
- lautliche Untermalung der Zusammengehörigkeit von Wörtern durch Alliterationen
- anschauliche **Metaphern,** bildhafte Umschreibungen, Vergleiche – v. a. für die Darstellung von Wahrnehmungen/Gefühlen (z. B. S. 27: „Tausend Augen", S. 18: „wie eisige Windeshauche")

Literarische Form und Epochenzugehörigkeit

- **Erzählung** mit einigen Merkmalen der Novelle (u. a.: unerhörte Begebenheit; Perspektiv als Dingsymbol; dramenähnlicher Aufbau, z. B. mit retardierendem Moment)
- Einordnung als Werk der **Schwarzen Romantik/Schauerromantik:** Suggestion dunkler Mächte, Darstellung der Abgründe/Nachtseiten der menschlichen Seele und des Wahnsinns etc.

Auf einen Blick

Psychoanalytisch/psychologisch
- S. Freud: Angst vor Augenverlust = Kastrationsangst; Aufspaltung des Vaters in guten Vater und bösen Vater
- Nathanael als schizophrener Psychotiker, Narzisst und/oder Egozentriker

Philosophisch
- Subjektivität von Wahrheit
- Menschenbild: Betonung des Empfindens gegenüber Ratio
- mögliche Nachtseite der Welt

Biografisch
- Nähe zum Exzentrischen
- Kenntnisse von Schizophrenie

Poetologisch
- Dichtung als Kommunikationsversuch und Selbstausdruck, aber auch als Selbstbespiegelung
- Schwierigkeit, ein „inneres Gebilde“ dem Leser adäquat mitzuteilen

Soziologisch
- Kritik am Frauenbild
- Frauen als verfügbares Objekt

keine Allgemeingültigkeit nur eines Deutungsansatzes, sondern immer Zusammenspiel mehrerer Lesarten

Heute ist man sich einig, dass „Der Sandmann“ ein Meisterwerk ist – zu Hoffmanns Zeiten war das anders: Ein Rezensent empfand die „Darstellung“ als „ungeschickt“ und „matt“ – und selbst Goethe klassifizierte Hoffmanns Werke als „krankhaft“.

Biografische Deutung

- **Einblick** Hoffmanns in **schizophrene Psychen** durch seine Arbeit als Jurist, bei der er entsprechende Gerichtsakten studierte
- teilweise eigene **Nähe zum Exzentrischen**, vielleicht sogar zum Wahnsinn
- Übersteigerung der eigenen Fantasie und der eigenen Ängste ins Krankhafte

Philosophische Deutung

- Betonung der **Empfindungswelt** und des **Irrationalen** entgegen dem Menschenbild der Aufklärung, das die Rationalität und die Vernunft hervorhebt
- Nathanaels **geistige Entwicklung als Gegenbeispiel zum aufklärerisch-klassischen Ideal** der Entfaltung positiver Individualität/Selbstbestimmung
- Weltbild: Verunsicherung der Überzeugung, dass nur die normale und gewohnte **Alltagswelt** existiert, durch Andeutung einer **dämonischen Welt** bzw. einer „**Nachtseite**“ des Alltags (z. B. durch die Auswirkungen des – verzauberten? – Perspektivs)
- Bezug zum **Konstruktivismus: Subjektivität von Wahrheit** → Nathanaels Wirklichkeitskonstruktion (Coppelius = Coppola) nicht eindeutig von der Hand zu weisen (durch die vom Erzähler geschaffenen Uneindeutigkeiten)
- Kommunikationsproblematik (vgl. Erzählerreflexion nach den drei Briefen): Zweifel an Sprachförmigkeit des Inneren/innerer Bilder → Frage: Wie lässt sich Inneres ohne Verlust mitteilen?)
- Gefahren der Technik: Ersetzung des Menschen durch eine Maschine
- der Mensch als Erschaffer eines Menschen in Konkurrenz zu Gott → **Natürlichkeit vs. Künstlichkeit**
- **sprechende Namen:** Clara (von lat. *clarus* = klar, hell) als Figur der Aufklärung; Nathanael (von hebr. *nathan* + *el* = Gottesgabe) eher mit Bezug zum Wunderbaren und damit als Gegenfigur zu Clara; Olimpia (aus dem Griechischen: die vom Olymp Stammende) als ironische Andeutung, dass sie ein Geschöpf von Menschen ist, die sich Gottähnlichkeit anmaßen

Poetologische Deutung

- **Erzählerreflexionen:**
  - erzählstrategische Überlegungen, wie die Geschichte um Nathanael zu beginnen sei
  - Schwierigkeit, dem Leser von Beginn an den Reichtum und die Intensität des **„inneren Gebildes"** von einer Geschichte mitzuteilen
  - Vorzug eines anderen Vorgehens: erst Umrisse geben, um dann die Umrisse zu füllen (→ intermedialer Vergleich mit einem Maler) – die drei Briefe als entsprechender Erzählbeginn
- Nathanael als Dichter:
  - Nathanaels Dichtungen als Versuch, Clara seine Verfassung zu vermitteln → literarisches Schreiben als **Kommunikation und Selbstausdruck**
  - Nathanaels Lesungen eigener Werke bei Olimpia → literarisches Schreiben als Form der **Selbstbespiegelung/Selbstbewunderung**

Psychologische / psychoanalytische Deutung

- Interpretation der Erzählung durch **Sigmund Freud**, den „Erfinder" der Psychoanalyse:
  - Nathanaels **Angst** vor dem **Verlust der Augen** = **Kastrationsangst**
  - inzestuöse Kindheitswünsche als Anlass für die Angst, kastriert zu werden
  - **Aufspaltung** des geliebten und zugleich gehassten Vaters in einen **guten Vater** (biologischer Vater) und einen **bösen Vater** (Coppelius) – Verschiebung des Hasses auf diesen, um positives Vaterbild zu retten
  - Wiederholung dieser Aufspaltung in Coppola und Spalanzani
  - der Sandmann (und die mit ihm in eins zu setzenden Figuren Coppola und Coppelius) als „Störer der Liebe", sowohl der Liebe zu Clara als auch der Liebe zu Olimpia
  - Liebe zu Olimpia als **narzisstische Liebe** (als Selbstliebe)
- Nathanael als ein an einer **schizophrenen Psychose** erkrankter Mensch mit verschiedenen Symptomen:
  - **Verfolgungswahn:** Nathanaels Glaube, dass Coppelius/Coppola ihn verfolgt
  - **Wahnvorstellungen:** Coppelius/Coppola als Vertreter eines bösen Prinzips
  - **Wirklichkeitsverlust:** Liebe zur Puppe Olimpia
  - Rückzug aus sozialen Beziehungen: Abwendung von Clara
  - **plötzliche Aggressionen:** Angreifen Spalanzanis und Claras
  - schubweises Auftreten der Schizophrenie
- **Narzissmus und Egozentrik:** Begeisterung für Olimpia eigentlich **Begeisterung für sich selbst** (Gefühl, verstanden zu werden, durch die fehlende kritische Reaktion Olimpias)
- **Projektion eigenen Erlebens** in die Puppe Olimpia
- Entdeckung/Bestrafung Nathanaels durch Coppelius als unbewältigtes **Kindheits-Trauma**

Soziologische Deutung

- **Täuschbarkeit des Menschen** durch eine „Maschinenfrau" → **Kritik am Frauenbild** der Zeit, nach dem eine Frau, die nichts sagt und tut, nicht auffällt
- **genderorientierte Lesart:**
  - Schaffung einer schönen Idealfrau durch zwei Männer → der Mann als Schöpfer, die **Frau** als **Objekt von Macht** und als verfügbares **Objekt für erotische Wünsche**
  - Bevorzugung Olimpias durch Nathanael als Ausdruck von **Sexismus** (Wahl der passiven, nicht widerständigen Frau)

Auf einen Blick

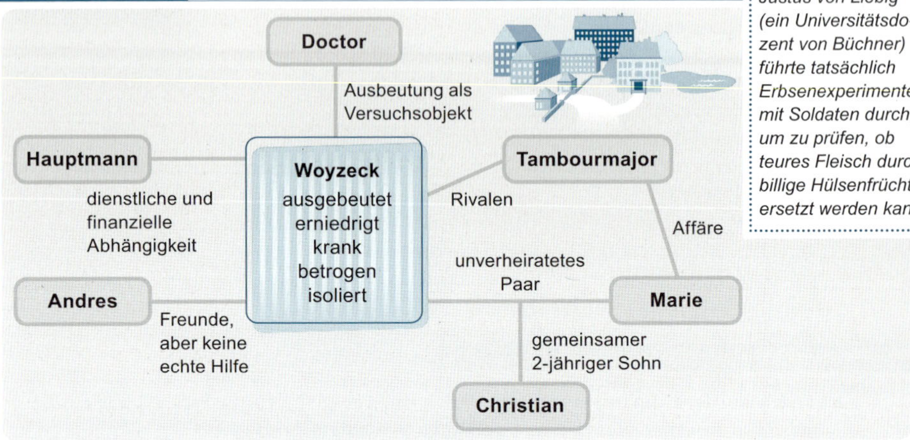

Justus von Liebig (ein Universitätsdozent von Büchner) führte tatsächlich Erbsenexperimente mit Soldaten durch, um zu prüfen, ob teures Fleisch durch billige Hülsenfrüchte ersetzt werden kann.

Woyzeck, Dramenfragment mit 27. Szenen

- **1. Szene, Freies Feld. Die Stadt in der Ferne:** einfache Soldaten Woyzeck und Andres beim Schneiden von Stöcken → Woyzecks **Wahnvorstellung**, dass sie sich an einer Hinrichtungsstätte der Freimaurer befänden und der Boden unter ihnen hohl sei; Wahrnehmung von Stimmen und Zeichen am Himmel
- **2. Szene, In der Stadt:** Tambourmajor mit Militärkapelle an Maries offenem Fenster vorbei: Marie mit ihrem kleinen Jungen auf dem Arm; Streit mit der Nachbarin Margareth wegen eines Flirts mit dem attraktiven Tambourmajor; Besuch von Woyzeck an Maries Fenster: Schilderung seiner Wahnvorstellungen, zunehmende Sorge Maries um Woyzeck
- **3. Szene, Buden. Lichter. Stadt:** Woyzeck und Marie auf dem Jahrmarkt; Vortrag des Ausrufers über Tiere mit magischen Fähigkeiten und über die fließende **Grenze zwischen Mensch und Tier** → Marie im Blickfeld des Tambourmajors, gelangt mithilfe des Unteroffizier zu Tambourmajor in die erste Reihe in der Jahrmarktsbude
- **4. Szene, Maries Kammer:** Selbstbetrachten Maries im Spiegel mit den neuen Ohrringen vom Tambourmajor → Beklagen der Ungleichheit der Menschen, Feststellen ihrer eigenen Schönheit; Eintreten Woyzecks, in dem beim Anblick der Ohrringe ein **Verdacht** aufkommt; Überreichen seines Wochenlohns, Anflug von schlechtem Gewissen bei Marie
- **5. Szene, Zimmer:** Rasieren des Hauptmanns als Woyzecks Nebenverdienst: Woyzeck vom Hauptmann zur Langsamkeit ermahnt; Woyzeck sei laut Hauptmann ein guter Mensch, ihm fehle aber Moral, was sein uneheliches Kind beweise → Woyzecks Rechtfertigung mit der Liebe Gottes für alle Menschen und mit der Unmöglichkeit, als armer Mensch **moralisch** und tugendhaft leben zu können
- **6. Szene, Gasse:** intensiver Flirt und Körperkontakt zwischen Tambourmajor und Marie
- **7. Szene, Gasse:** Konfrontation zwischen Marie und Woyzeck, der die Begegnung zwischen ihr und Tambourmajor beobachtet hat → Maries abwehrende und gleichgültige Reaktion
- **8. Szene, Labor des Doctors:** Ärger des Doctors, dass Woyzeck „an die Wand gepisst" hat, obwohl er im Rahmen einer bezahlten Erbsendiät Urinproben abgeben muss

→ Gedanken des Doctors über die **Dominanz der Willensfreiheit** des Menschen über die tierische Natur; Woyzecks Bericht über die „doppelte Natur" → begeisterter Doctor diagnostiziert eine durch das Experiment versursachte **Psychose**

- **9. Szene, Straße:** Klagen des Hauptmanns über Hektik und über seine **Melancholie** vor dem Doctor, der vernichtendes Urteil über den körperlichen Zustand und über die Lebenserwartung des Hauptmanns fällt; Erscheinen Woyzecks: Anspielungen des Hauptmanns auf die Affäre zwischen Marie und Tambourmajor → Woyzeck davon tief getroffen und verstört
- **10. Szene, Der Hof des Professors:** Woyzeck als **Anschauungsobjekt** in der Vorlesung eines Professors, der aus Erkenntnisinteresse Katze aus Fenster werfen will; Aufruf des Doctors an die Studenten, Woyzeck zu betrachten, der von vierteljähriger Erbsendiät **völlig entkräftet** ist
- **11. Szene, Wachstube:** Lärm von Musik und Tanz in der Nähe der Wachstube der Soldaten → Entschluss des misstrauischen Woyzeck, sich zu Menschenmenge zu begeben
- **12. Szene, Wirtshaus:** Marie und Tambourmajor beim gemeinsamen Tanz heimlich von Woyzeck beobachtet: **Wut** und **Eifersucht**, aber auch **Bewunderung** der Schönheit Maries; pseudophilosophische Predigt eines Handwerksburschen
- **13. Szene, Freies Feld:** Woyzeck vernimmt Stimmen im Boden und im Wind, die ihm befehlen, Marie zu erstechen
- **14. Szene, Zimmer in der Kaserne:** schlafloser Woyzeck weiterhin von Stimmen verfolgt
- **15. Szene, Wirtshaus: Protzerei** des Tambourmajors; Wortgefecht und Kampf zwischen Tambourmajor und Woyzeck → Niederlage Woyzecks, leise **Drohung**
- **16. Szene, Trödlerladen:** Kauf eines Messers durch Woyzeck
- **17. Szene, Maries Kammer:** Marie von **Schuldgefühlen** geplagt, aber außerstande und unwillig, ihr Verhalten zu ändern → Suche nach tröstlichen Geschichten in der Bibel; Klage über Woyzecks Fernbleiben
- **18. Szene, Kaserne:** Woyzeck verschenkt seine Habseligkeiten an Andres, zieht eine ernüchternde Lebensbilanz und ignoriert Andres' medizinischen Ratschlag
- **19. Szene, Vor der Haustür:** Großmutters **Anti-Märchen** über ein armes Waisenkind mit Marie und mehreren Kindern als Zuhörern; Woyzecks barsche Aufforderung an die zögerliche Marie, mit ihm nach draußen zu kommen
- **20. Szene, Freies Feld:** Wunsch der zunehmend verängstigten Marie, nach Hause zu gehen → Woyzeck ersticht Marie und flieht vor herannahenden Menschen in die Nacht
- **21. Szene, Freies Feld:** zwei Passanten als Zeugen des Mordes
- **22. Szene, Wirtshaus:** Unterhaltung des singenden und tanzenden Woyzeck mit Käthe, die aber Blutspuren an ihm entdeckt → Flucht Woyzecks vor misstrauischen Wirtshausgästen
- **23. Szene, Stadt:** Verbreitung der Nachricht unter zwei Kindern, dass die Leiche einer Frau gefunden wurde → Eilen vieler Schaulustiger zum Tatort
- **24. Szene, Freies Feld:** Rückkehr Woyzecks an den Tatort, um die zurückgelassene Tatwaffe zu suchen; spöttische Fragen an Maries Leiche → erneute Flucht vor herannahenden Menschen
- **25. Szene, Teich:** Versenken des Messers im Teich und Abwaschen der Blutflecken
- **26. Szene, Freies Feld:** Begutachtung von Maries Leiche durch eine vierköpfige Mordkommission: Freude über den „schönen" Mord
- **27. Szene, Stadt:** Woyzecks Versuch, seinen Sohn Christian zu liebkosen, der sich aber abwendet → Woyzeck bezahlt den Narren Karl dafür, seinen Sohn mitzunehmen und ihm einen Lebkuchen zu kaufen

Auf einen Blick

Der Georg-Büchner-Preis gilt heute als wichtigste Auszeichnung für deutschsprachige Literatur. Ob Büchner sich darüber freuen würde?

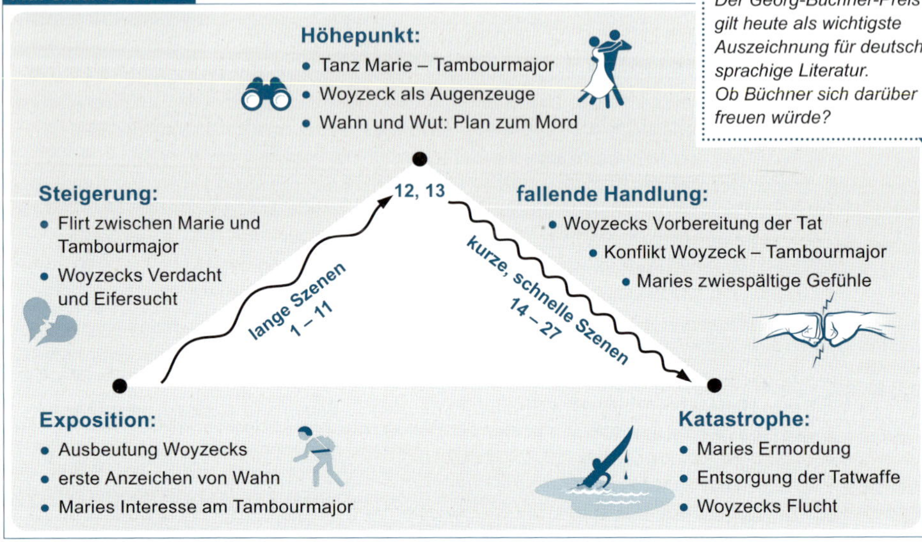

Aufbau und Form

- Dramenfragment *Woyzeck*: von Büchner nicht vollendetes Werk (1836 verfasst, 1879 posthum veröffentlicht), **Szenenfolge nachträglich arrangiert** (anhand verschiedener Handschriften)
- **Kürze** der Szenen = komprimierte, skizzenhafte Momentaufnahmen → **Aneinanderreihung** von Bildern, keine Gliederung in Akte
- Szenen werden ab 12. Szene kürzer, als Woyzeck Marie beim Tanzen sieht und Mordplan fasst → Handlung nimmt an **Geschwindigkeit** zu, unvermeidbares Zulaufen auf die Katastrophe
- **Zeitstruktur:** Handlung dauert ca. **48 Stunden** → äußerst gedrängte Zeitstruktur – auch aufgrund der **Simultaneität** einiger Szenen
- **Raumstruktur:** Stadt in Hessen (Dialekt!); Räume als wichtige **Bedeutungsträger:**
  - **Räume der Enge: Maries Kammer** → bedrückende Existenz, nur Kurzbesuche durch Woyzeck; Fenster als willkommene Verbindung zur Außenwelt; **Woyzecks Kaserne** → Halluzinationen, Schlaflosigkeit, Unruhe: notwendige Flucht nach draußen
  - **Räume der Öffentlichkeit:** Jahrmarkt, Gasse, Wirtshaus, freies Feld → für Marie Orte der **Freiheit** und des Vergnügens, aber auch ihres Todes → für Woyzeck Orte der **Demütigung** und **Verlorenheit**

  → Spiegelung der jeweiligen Befindlichkeit der Figur durch Räume (trotz beinahe vollständigem **Fehlen von Regieanweisungen** zum Aussehen der Schauplätze)
- *Woyzeck* galt lange Zeit als **Musterbeispiel eines offenen Dramas:** revolutionäre Aufhebung der Einheit von Ort, Zeit und Handlung (und von Stand und Sprache) → **Gegenargumente:**
  - stimmiges Gesamtgeschehen: Handlung um Woyzecks zunehmende Psychose im Zusammenspiel mit der Affäre zwischen Marie und Tambourmajor als sich **steigerndes Element**
  - **Verklammerung** der Szenen durch Motive (z. B. „Messer“ und „schneiden“, „heiß“ und „kalt“, Farben Schwarz und Rot) → bedrohliche **Atmosphäre**, **Vorausdeutung** auf Ende

Sprache und Stil

- Zweiteilung des sprachlichen Codes in *Woyzeck* → **schichtenspezifische Sprache**
- Sprache der **Funktionsträger der gesellschaftlichen Ordnung** (Hauptmann, Doctor):
  - Benennung durch Beruf bzw. Rang: keine echten Figuren, eher **Typen**
  - Sprache als Mittel zur **Ausübung von Herrschaft** und zur Zementierung des Status quo: Lenken des Gesprächs, Erteilen von Befehlen (direktive Sprechakte), **Selbstdarstellung** (Melancholie des Hauptmanns, wissenschaftlicher Ruhm des Doctors)
  - **Hauptmann:** Hochwertbegriffe (z. B. „moralisch") als Worthülsen für eine konfuse Argumentation, die **Gutmütigkeit** vortäuscht, aber Herablassungen und **Schadenfreude** enthält
  - **Doctor:** medizinisch-philosophische Fachbegriffe (im Dienste des vermeintlichen Erkenntnisgewinns) als rhetorischer Deckmantel für **zynische Menschenverachtung** und Degradierung des Menschen zum Versuchs- und Anschauungsobjekt
  - **Vortragscharakter** ihrer Äußerungen → Ungleichgewicht der Sprechanteile
  → keine kommunikative Hinwendung zu Mitmenschen (nur Er-Anrede an Woyzeck!), **keine Anteilnahme**, Festhalten am **Jargon**
- **Sprache der armen, einfachen Leute** als Opfer der gesellschaftlichen Verhältnisse:
  - Benennung durch echte Namen: Woyzeck, Marie, Andres etc. → Individuen, **Charaktere**
  - Sprache als **Ausdruck ihrer Notlage:** knapp, direkt, umgangssprachlich
  - Ellipsen, Satzabbrüche, Interjektionen → **Authentizität**, **Ehrlichkeit** der Figuren, Ausdruck ihrer **Unbeholfenheit** und Not
  - **Dialoge:** aneinander vorbeireden statt aufeinander eingehen → **sprachliche Isolation**
  - **Woyzeck: biblisch-apokalyptische Wendungen** als Hilfe, um seine psychotischen Erfahrungen mitteilbar zu machen; oftmals grüblerisch-doppeldeutige Sprache → dennoch Fähigkeit zur klaren Formulierung (z. B. zum Verhältnis von Geld und Moral)
  - **Marie: dinghaft-konkrete Sprache** als Mittel, ihre Lage zu beschreiben („ich bin nur ein arm Weibsbild."), ihr Begehren auszudrücken („Rühr mich an!") oder Unangenehmes zu leugnen („Und wenn auch.") → Ausdruck ihrer Sehnsucht nach besserem Leben
  - **Bibelstellen, Volkslieder, Märchen:** da Ausdrucksvermögen der Figuren ungenügend, Rückgriff auf vorgeformte sprachliche Versatzstücke (die als Trost und als Sinnangebote gedacht sind) → in *Woyzeck* Betonung des pessimistischen Weltbildes (z. B. Anti-Märchen der Großmutter) oder Vorausdeutungen auf tragische Ereignisse (z. B. Märchen-Zitate des Narren)
- weitere Figuren: aufdringliche Sprache des **Ausrufers** (auf Sensationsbedürfnis des Publikums gerichtet), derb-anzügliche Sprache des **Tambourmajors** (zur Protzerei und Triebbefriedigung)

Gattungsbestimmung und Epochenzugehörigkeit

- **Tragödie/bürgerliches Trauerspiel:** zwingendes Zulaufen auf die Schlusskatastrophe, ABER: Verstoß gegen alle Standeskriterien, da sog. vierter Stand („Proletariat") im Personal des Dramas
- *Woyzeck* als erstes **„soziales Drama"**: Konflikt bedingt durch soziale Umstände (Armut, Ausbeutung, Unterdrückung), Untergang eines chancenlosen „underdog"
- **Vormärz:** Abwenden vom Idealismus der Klassik und Romantik, Hinwenden zur Realität und zur sozialen Ungerechtigkeit (im Naturalismus *Woyzeck* als Vorläufer interpretiert: soziales Elend, Determination; im Expressionismus sensibler und wahnsinniger Woyzeck als Schlüsselfigur)
- Wegbereiter der **Moderne:** Büchners psychologisches Interesse für Elend und Entfremdung, für Krisen der Identität; Innovativität der Sprache und der Dramenkonzeption von *Woyzeck*

Auf einen Blick

Eine Kulturzeitschrift bezeichnete Georg Büchner 2013 – in Abgrenzung vom Dichterfürsten Goethe – als „Dichter-Punk“.

Historisch-biografisch
- Debatte um Zurechnungsfähigkeit des historischen Woyzeck
- Büchners Erfahrungen mit Unterdrückung

Philosophisch
- Kritik an lebensferner Moral und am Idealismus
- Determinismus und Materialismus

Psychologisch
- Erniedrigung, Ausbeutung, Überlastung, Isolation
- Woyzecks Krankheit als Folge: Psychose

Soziologisch
- kein gesellschaftlicher Zusammenhalt
- keine Hilfe der Starken für die Schwachen
- soziale Ungerechtigkeit und ihre Folgen

→ keine Allgemeingültigkeit nur eines Deutungsansatzes, sondern immer Zusammenspiel mehrerer Lesarten

Historisch-biografische Lesart

- **historischer Johann Christian Woyzeck** (gelernter Perückenmacher, dann Soldat und Gelegenheitsarbeiter ohne festen Wohnsitz): Ermordung seiner Geliebten Johanna Christiane Woost 1821, Enthauptung auf Leipziger Marktplatz 1824 → Diskussion über die **Zurechnungsfähigkeit von Mördern**
- Büchners Lektüre der strittigen psychiatrischen Gutachten von Dr. Clarus über Woyzeck → Drama *Woyzeck* als sein Beitrag zur zeitgenössischen Debatte
- Büchners Interesse für politische Verhältnisse und Engagement für gerechtere Gesellschaft: „Friede den Hütten, Krieg den Palästen!“ *(Hessischer Landbote)* → historischer Woyzeck als „willkommenes“ Beispiel für die Folgen der **Verarmung ganzer Bevölkerungsschichten** im frühen 19. Jahrhundert (sog. vorindustrieller Pauperismus)
- Büchners Erfahrungen in der Restaurationszeit als politisch Unterdrückter und Verfolgter: **fehlende Solidarität** der Höherstehenden mit den Schwächeren der Gesellschaft → keine Veränderungen oder gar Revolutionen möglich

Psychologische Lesart

- **Woyzecks Entwicklung** vom einfachen Soldaten und unverheirateten Familienvater zum Wahnsinnigen und Mörder
- keine Hochzeit mit Marie möglich, da er als Soldat das vorgeschriebene Vermögen nicht aufbringen kann → Beziehung zu Marie gesellschaftlich **geächtet**
- wegen finanzieller Verantwortung (für Marie und ihr gemeinsames Kind) **Nebentätigkeiten** notwendig: Rasieren des Hauptmanns, Versuchsobjekt bei Doctor, Assistent bei Professor → trotz **Hetze** und **Überbelastung:** keine Befreiung aus seiner kümmerlichen Lage
- krank durch **Ernährungsexperiment** des Doctors: physische (erhöhter Puls, Zittern, Schwindelanfälle, Kopfschmerzen, Haarausfall) und psychische Symptome (Hören von Stimmen, Weltuntergangsvisionen, Verfolgungswahn) → **schwere Psychose**
- **Beleidigungen** und **Erniedrigungen** durch Hauptmann: Vorwürfe wegen unehelichem Kind, spöttische Anspielungen auf Affäre zwischen Marie und Tambourmajor

- Tambourmajor als körperlich überlegener **Rivale:** Ausspannen der Geliebten, Hohn und **Gewalt**
- durch **Maries Betrug** Verlust seines wichtigsten Halts im Leben → **Leidensdruck** wird zu groß: endgültiges Abgleiten in den Wahn, Planen und Ausführen des Mordes
- Auslöser der Mordtat: Eifersucht und Betrug → tiefere Ursachen: **entwürdigende Lebensbedingungen** eines geschundenen, deformierten und isolierten Menschen

Philosophische Lesart

- Kritik an Theorie der **Evolution** und des Fortschritts der Zivilisation (Teleologie): Betonung der Nähe zwischen menschlichem und tierischem Verhalten („vernünftige Viehigkeit" – „viehische Vernunft") → **Blasiertheit** der Menschen bei offenkundig animalischem Verhalten
- Frage nach der Umsetzbarkeit von **Moral:** uneingeschränkte Gültigkeit für jeden Menschen (laut Hauptmann) oder Frage von Vermögen und Stellung (laut Woyzeck) → schichtenspezifische Gebundenheit von Werten
- **Determinismus:** Abhängigkeit menschlicher Handlungen von jeweiligen **Lebensumständen** → keine Möglichkeit für den Einzelnen (v. a. den Niedriggestellten), Lauf der Dinge oder eigenes Leben bewusst zu steuern oder sogar zu verbessern
- Kritik am **Idealismus:** Idee der Selbstbestimmung des Menschen → Wille und Vernunft sollen Gefühle, Bedürfnisse, Triebe beherrschen (mit überlieferter Moral als Leitfaden)
- Gefühl der moralisch-intellektuellen Überlegenheit der Idealisten (Hauptmann, Doctor): keine Akzeptanz anderer Einflüsse (Individualität, Sozialisation, Bildung, Besitz usw.) → Arroganz, Ignoranz und **Unmenschlichkeit**
- Betonung des **Materialismus:** nicht Denken und Handeln gestalten die Lebensbedingungen, sondern die Lebensbedingungen prägen das Denken und Handeln → gesellschaftliche Umstände und Besitzverhältnisse formen den Menschen

Soziologische Lesart

- Starke helfen Schwachen nicht, Starke verachten sich gegenseitig (Hauptmann vs. Doctor), Starke schließen im Zweifel Bündnis gegen Schwache, Schwache betrügen und ermorden sich gegenseitig → **Fehlen des gesellschaftlichen Zusammenhalts**
- kein Schutz durch Hauptmann (Woyzecks Vorgesetzter!): kein Gefühl von Verantwortung für seinen Untergebenen → stattdessen **Abgrenzung nach unten** zum Erhalt der eigenen Position
- Fortführen der Experimente trotz Woyzecks offensichtlicher Krankheit → **Missachten des hippokratischen Eides**, Degradierung des Menschen zum Versuchsobjekt
- Selbstcharakterisierung Woyzecks („Wir arme Leut"/„ich bin ein armer Kerl"): **Bewusstsein des eigenen sozialen Ortes** als bedrückende Erfahrung → aber keine Wut auf den verantwortlichen „Unterdrückungsapparat", sondern auf seine Freundin Marie
- soziale Unterschiede als reine **Äußerlichkeiten** (vgl. 3. Szene: Tiere als Menschen verkleidet): Ungerechtigkeit der gesellschaftlichen Realität, willkürliche Verteilung von Privilegien und Besitz
- dysfunktionale Kommunikation und Sprachlosigkeit: gleichzeitig Symptome und Konsequenzen der **sozialen Spaltung**
- Armut mit all ihren Folgen als „Gift" für zwischenmenschliche Beziehungen und Gesellschaft
- Büchner: „Ich verachte Niemanden, am wenigsten wegen seines Verstandes oder seiner Bildung, weil es in Niemandes Gewalt liegt, kein Dummkopf oder kein Verbrecher zu werden, – weil wir durch gleiche Umstände wohl Alle gleich würden, und weil die Umstände außer uns liegen."

Auf einen Blick

Auch Thomas Mann wurde als „Zauberer“ bezeichnet. Aufgrund einer Faschingsverkleidung nannte ihn die Familie so und auch er selbst nutzte im Privaten den Spitznamen, wenn er etwa Briefe mit „Z.“ unterschrieb.

1. Sinnabschnitt: Die Ankunft der Erzählerfamilie und die Ereignisse am Strand

- Erzählung im **Rückblick: Urlaubserlebnis** des namenlos bleibenden Ich-Erzählers und seiner Familie im **italienischen Badeort** Torre di Venere in den **1920er-Jahren**

Angespannte Urlaubsstimmung

- Sommermonate: Dominanz italienischer Urlauber → Benachteiligung ausländischer Gäste
- im **Hotel:**
  - dem Erzähler wird gewünschtes Zimmer vorenthalten
  - Beschwerde einer römischen Fürstin über hustenden Sohn des Erzählers → freiwilliger **Umzug** der Familie in Pension zu Signora Angiolieri
- Gereiztheit am **Strand:**
  - im Verhalten der spielenden italienischen Kinder spiegelt sich **nationalistische Einstellung** der Eltern
  - Empörung des Erzählers über streitsüchtigen und wehleidigen Knaben **Fuggièro**
- **8-jährige Tochter** des Erzählers läuft **nackt** zu Strand → **Skandal** und Aufruhr: Italiener werfen Familie Verletzung der italienischen Ehre vor, Geldstrafe

Reaktion der Familie

- **Überlegungen abzureisen**, aber Familie entscheidet sich zu bleiben, auch um Stimmung weiter beobachten zu können
- Nachsaison: Hitze lässt nach, Publikum wird internationaler

2. Sinnabschnitt: Die Veranstaltung, das Geschehen vor der Pause

- **Plakat** für Veranstaltung des Zauberers Cipolla weckt Neugier der Kinder → Familie besucht Auftritt (im Publikum auch der beliebte Kellner Mario)

Der Zauberkünstler

- genaue Beschreibung der **verwachsenen Gestalt** und der altmodischen Kleidung des Cavaliere Cipolla → Abneigung des Erzählers
- latent **aggressive Stimmung** zwischen Künstler und Publikum
- Zauberer stellt sich selbst vor: rühmt seine **patriotische Einstellung** und Leistungen, Nähe zum faschistischen Diktator Mussolini
- große **Eloquenz** Cipollas, aber Sticheln gegen attraktive junge Männer im Publikum

Cipollas Vorführung

- **Störungen** aus dem Publikum → **Cipolla demütigt Zwischenrufer**, indem er sie gegen ihren Willen handeln lässt: hypnotisiert jungen Mann (Giovanotto), sodass er sich vor Schmerzen krümmt
- mathematische Versuche, Kartentricks, Kunststücke (Cipolla findet versteckte Gegenstände)
- **Bewunderung**, aber auch **Angst** des Publikums
- Erzähler sucht nach rationaler Erklärung
- Cipollas Erläuterungen: betont seine **Anstrengung**, selbst zum Werkzeug zu werden und geheime Anweisungen des Publikums auszuführen → ständige **Stärkung mit Zigaretten und Alkohol**

3. Sinnabschnitt: Die Veranstaltung, Überlegungen in der Pause

- **Erzähler will Veranstaltung verlassen** → Widerstand der Kinder
- **Bleiben** aufgrund von Neugier auf weiteres Programm und Faszination des Zauberers

4. Sinnabschnitt: Die Veranstaltung, das Geschehen nach der Pause

Cipollas Hypnose-Vorführung

- „Willensentziehung und -aufnötigung“
- Cipollas **Peitsche** als Symbol seiner Herrschaft
- Mitleid des Publikums mit hypnotisiertem Mann, der auf zwei Stuhllehnen liegt und auf den sich Cipolla setzt → **Cipollas Forderung, ihm Mitleid zu erweisen**
- Zauberer suggeriert Wirtin Angiolieri, er würde sie verführen → Machtlosigkeit ihres Mannes
- Cipolla lässt Zuschauer auf der Bühne gegen ihren Willen tanzen → zunehmende Enthemmung: **Tanzorgie** → Begeisterung der Kinder
- Missfallen des Erzählers

Mario als Demonstrationsobjekt

- Cipolla holt **Kellner Mario** auf die Bühne, den er wegen seines Erfolgs bei Frauen verhöhnt und ihm so das **Eingeständnis seines Liebeskummers** entlockt
- **Zauberer** beschwört Vorzüge Silvestras (Marios Geliebte), übernimmt selbst ihre Rolle, **bringt Mario dazu, ihn zu küssen**
- Cipolla holt Mario aus hypnotisiertem Zustand → Ekel Marios, **erschießt den Zauberer** → allgemeiner **Aufruhr**, Entwaffnung Marios
- **Erzähler verlässt mit Familie fluchtartig den Saal**; Kinder verstehen Tragweite des Geschehens nicht → heimliche Erleichterung des Erzählers über „Ende mit Schrecken“

Auf einen Blick

Thomas Mann war kein begeisterter Sportler. Auch den Strandurlaub in Italien verbrachte er beobachtend, schreibend und lesend am, aber nicht schwimmend im Meer.

Exposition

- Spannungen am Strand, im Hotel: italienischer Nationalstolz
- „Ortsdämon“: ideologisch aufgeladene Atmosphäre
- „Skandal“: Nacktheit der kleinen Tochter des Erzählers erbost Italiener

Familie des Erzählers reist nicht ab: Neugier, Faszination

Ähnlichkeiten der Phänomene

Verhalten des Erzählers

Vorstellung

- nationalistische Aussagen Cipollas: betont Nähe zum Faschismus
- menschenverachtende, demütigende Behandlung der Versuchspersonen
- Hypnose: Willensentzug, Fremdbestimmung
- kaum Widerstand bis zu Marios Mord

Familie des Erzählers verlässt Saal nicht: Neugier, im Bann Cipollas

Aufbau und Form

- 1929 erschienene Erzählung ohne Kapiteleinteilung, aber **zwei deutliche Blöcke:**
  - **Exposition** und
  - **Abendveranstaltung**, die sich untergliedern lässt in: erster Teil – Pause – zweiter Teil
- **Strukturierung** durch:
  - **Erzählerreflexionen:** Zäsuren in der Handlung (nach Skandal am Strand und in Pause von Cipollas Vorführung wird die Frage gestellt, warum Familie den Urlaub bzw. Besuch der Veranstaltung nicht vorzeitig beendet)
  - **Rahmung:** im ersten Abschnitt Vorausdeutung auf schlimmes Ende → Spannung
  - innere **Verwandtschaft der Episoden:** Zuspitzung auf zentrales Ereignis hin bei Exposition (Skandal am Strand) und bei Abendvorstellung (Tötung Cipollas)
- **Zuspitzung von Exposition zu Hauptteil:** am Strand Fremdenfeindlichkeit → bei Cipolla Erniedrigung der Zuschauer (v.a. Marios) = moralischer Tiefpunkt
- ungewöhnlich: beide Titelfiguren spielen in Exposition noch keine Rolle → stattdessen Hinführung in Stimmung, Örtlichkeit, Zeitgeist; Einführung der Erzählerfamilie

Erzählweise

- **rückblickende Erzählung eines Ich-Erzählers**, aber oft auch in **Wir-Form**, d.h. aus Familienperspektive, erzählt
  - **Abgrenzung** des Wir gegenüber feindlicher Umgebung
  - **Verallgemeinerbarkeit** der Wertungen des Erzählers
- aufgrund der Perspektive: **selektive Wahrnehmung** und Darstellung
- **Erzählung aus zeitlichem Abstand und mit veränderter Einstellung** des Erzählers zu vergangenem Erlebnis: Selbstkritik und Bewertung seines damaligen Verhaltens
- direkte **Anreden des Lesers**, Schilderung der Örtlichkeiten, Tipps für Reisen
  → Eindruck eines Reiseberichts (vgl. Untertitel „Ein tragisches Reiseerlebnis“)
  → Einbeziehen des Lesers ins Geschehen, **Identifikation mit Ich-Erzähler**

- **kaum Informationen über Erzähler** und seine Familie (keine Namen, biografischen Details)
- **Doppelrolle** des Erzählers: **Subjekt und Objekt** des Erzählens, erzählt über eigene Erlebnisse, aber kaum Unterschied erzählendes – erlebendes Ich (Reflexionen, Kommentare durchsetzen Handlung)
- zahlreiche **Erzählerkommentare: Vorausdeutungen** → Andeutung von Gefahr
- zwei **Erzählerreflexionen:** nach Exposition und in Pause von Cipollas Vorstellung → Suche nach Gründen, warum Familie nicht abgereist ist → Anspielungen auf Schlusskatastrophe
- **Zeitgestaltung:**
  - Exposition: v.a. raffender Erzählerbericht
  - Cipollas Vorstellung: szenische Darstellung (durch Dialoge zeitdeckende Erzählweise)
  - Beschreibung des Kusses von Cipolla: Zeitdehnung

Literarische Form: Novelle

- geradlinige Erzählung, auf **zentralen Konflikt** ausgerichtet, Fokus liegt auf Zaubervorstellung; keine Nebenhandlungen → **Geschlossenheit**
- **„unerhörte Begebenheit":** Zauberer „vergewaltigt" Mario emotional, indem er ihn zum Kuss verleitet (= Höhe- und Wendepunkt)
- **Realitätsnähe:** literarisch verarbeitetes biografisches Erlebnis Th. Manns
- **dramatische Gestaltung** mancher Passagen (Vorführung, v.a. Demütigung Marios)
- **Symbolcharakter** des Geschehens: deutbar als Gleichnis für massenpsychologische Beeinflussung und /oder faschistische Machtausübung

Sprachliche Gestaltung

- **gehobene Sprache:** hypotaktische Sätze, Fremdwörter, ironische Bewertungen → erlaubt Rückschlüsse auf **Charakter des Erzählers: Intellektueller**, konfliktscheuer Beobachter, der sich in seinen Urteilen über andere erhebt
- Wiedergabe **italienischer Redewendungen** → Lokalkolorit, Authentizität
- **Motive und Symbole:**
  - **Einfluss des Wetters** auf Menschen; Spiegelung des gesellschaftlich-politischen Zustands (z.B. „Schreckensherrschaft der Sonne")
  - **Doppeldeutigkeit von Atmosphäre:** Wetter / Stimmung
  - **Tanzen:** Auflösung der Ordnung, Moment der Willenlosigkeit, Ekstase
  - **Hässlichkeit und Krankheit** Cipollas als Spiegelung des politischen Zustands des faschistischen Italiens
- **Leitwörter** „national", „patriotisch", „Würde": nationalistische Aufheizung des gesellschaftlichen Klimas
- **groteske Wirkungen:** verkrüppelte Erscheinung Cipollas; Gegensatz zwischen seinen ethischen Appellen und der Demütigung seiner Versuchsobjekte
- **Ironie** als typischer Kunstgriff bei Thomas Mann: **Relativieren aller Figuren** und ihrer Meinung → erlaubt es, sich über Gegensätze zu positionieren
  - Erzähler **distanziert sich** durch Ironie von Figuren und hinterfragt sie: römische Fürstin glaubt, dass Keuchhusten „akustisch ansteckend" ist; Fuggièros Heulen nach Biss durch einen Krebs als „antikisches Heldenjammergeschrei" verspottet
  - bei **Darstellung Cipollas** = Bemühen des Erzählers, kritische Distanz zu gewinnen, aber **Schwanken zwischen Faszination und Grauen**

Auf einen Blick

Psychologisch
- Massenpsychologische Mechanismen: Einzelner genießt Aufgehen in Masse
- Cipolla beansprucht, Gemeinschaftswillen umzusetzen
- Lehre: Widerstand braucht positives Ziel

Politisch
- Novelle als Faschismusstudie
- Fremdenfeindlichkeit im faschistischen Italien
- Diktator Cipolla unterwirft sich Masse

Künstlerisch
- Cipolla als negative Künstlerfigur
- Geist (Cipolla) kämpft gegen Leben

Biografisch
- Verarbeitung einer Urlaubsanekdote
- Spiegelung von Manns homoerotischen Neigungen

keine Allgemeingültigkeit nur eines Deutungsansatzes, sondern immer Zusammenspiel mehrerer Lesarten

In der Forschung existiert die These, dass Thomas Manns unausgelebte homoerotische Neigungen der eigentliche Motor für seine schriftstellerische Tätigkeit waren. Er sublimierte sie quasi in Texte, in denen es oft unterschwellig um gleichgeschlechtliche Anziehung geht.

Biografische Lesart

Urlaubsanekdote

- **Verarbeitung eines persönlichen Urlaubserlebnisses** der Manns vom Sommer 1926 in Forte dei Marmi (am Ligurischen Meer)
- **Schlusswendung** (Erschießung des Zauberers) als **Erfindung** von Thomas Mann ↔ in Realität reagierte Kellner verschämt auf Zurschaustellung → in Erzählung ist Widerstand möglich

Verarbeitung von Manns Homosexualität

- **Spiegelung von Manns eigenen homoerotischen Neigungen:** Kuss Cipollas lässt sich als **Zwangsouting Marios** deuten → Zauberer stellt homosexuelle Neigungen des Kellners bloß
- **Anspielung auf antiken Ganymed-Mythos:** Zeus verwandelt sich in Adler, um hübschen Knaben Ganymed zu rauben, der dann sein Mundschenk wird = in Antike **Urbild für Liebe eines reifen Mannes zu Knaben** → Cipolla nennt Mario „Schenk", nimmt wie Zeus eine andere Rolle an, um jungem Mann nahezukommen

Politische Lesart

Warnung vor Faschismus

- Entstehung der Novelle 1929 (drei Jahre nach Erlebnis) → Vermutung, dass zwischenzeitlich die faschistische Politik in Italien unter Mussolini und Erstarken des Nationalsozialismus in Deutschland den Blick Th. Manns geschärft hat
- Erzählung als **Faschismusstudie:** „Ortsdämon" als Umschreibung für unangenehme, gereizte, politisierte Atmosphäre
- **faschistische Doppelmoral:** Nacktheit als anrüchig empfunden ↔ Freude über sexuelle Anspielungen Cipollas
- **Hineinwirken der Ideologie in den Alltag** (Strand, Hotel): Behauptung der Ehre / Würde einer Nation → im Text sarkastische Darstellung der fremdenfeindlichen, nationalistischen Auswüchse = Angriff auf intolerante Ideologie
- **Cipollas** Betonung der Leistungen Italiens und seiner **Nähe zu Mussolini**

Tyrann und Tyrannenmord

- **Zauberer als Diktator im Kleinen:** rhetorisches Talent und Selbstinszenierung (Demagogie); **Machtmissbrauch**, aber auch Scheitern
- Zusammengehörigkeit von **Befehl und Gehorsam:** Unterwerfung des Volks (= Publikums) unter Führer (= Cipolla)
- **Irrationalität**, Verlust der individuellen Selbstbestimmung, **Faszination für zweifelhafte Führergestalt** = Analogie zum italienischen Faschismus
- Faschismus zielt auf **Entmündigung des Einzelnen**, um Macht zu steigern
- kaum Versuche, Widerstand zu leisten (Giovanotto, der Römer, Mario)
- Marios Tat als **Tyrannenmord**, Befreiung von Cipollas autoritärer Diktatur
- Text als **Warnung an deutsche Leserschaft**, sich nicht willenlos einer brutalen Demagogie zu ergeben (Italien als mahnendes Beispiel für Deutschland)

Psychologische Lesart

Verhalten der Figuren

- Reflexion des Erzählers: Widerstand gegen eine irrationale Macht ist zum Scheitern verurteilt, wenn **Willen** nicht **auf ein positives Ziel** gelenkt wird („eine Sache nicht tun wollen, das ist auf Dauer kein Lebensinhalt") → **Ich-Erzähler** gerät trotz seiner kritischen Haltung immer mehr in **Cipollas Bann** und schafft es nicht, aus eigener Kraft zu gehen
- **Cipolla:**
  - **Sadismus:** Bloßstellen und Verhöhnen seiner Versuchspersonen = Kompensation für seine eigene Benachteiligung und sein missgestaltetes Äußeres?
  - **Sexualneid:** verwandelt eigene körperliche Benachteiligung in Triumpf, indem er Mario Kuss entlockt
  - bedient **Masochismus des Publikums**, das es genießt, sich gehen zu lassen
- **Marios Mord = Akt der Selbstbewahrung**

massenpsychologische Zusammenhänge (nach Gustave le Bon)

- genussvolles **Aufgehen des Einzelnen in der Masse** = Machtgefühl, Freiheit von Verantwortung, Neigung, den eigenen Trieben nachzugehen → leichte **Beeinflussbarkeit der Masse:** das Kollektiv gerät in hypnotischen Zustand, in dem Verstand und Wille ausgeschaltet sind
- Cipolla bringt Zuschauer als Kollektiv unter seine Gewalt, unterbindet Widerstand Einzelner und **verschafft Publikum Genuss der Willensfreiheit** (Sich-gehen-Lassen in der Tanzszene)
- **Cipolla tritt als Führer auf**, der „Gemeinschaftswillen" kanalisiert und leitet → stilisiert sich als Opfer, übt aber eigentlich Macht aus

Künstlerische Lesart

- in Texten von Th. Mann oft **Gegensatz von Künstlertum und Bürgertum/Leben**
- laut Friedrich Nietzsche müsse **Künstler außerhalb des Lebens** stehen → passt zu Cipollas körperlicher Benachteiligung und Außenseitertum
- **Cipolla als Künstler** („Zauberkünstler", „Geschicklichkeitskünstler"): rhetorische, psychologische, hypnotische Fähigkeiten → bannt Publikum, geheime Bewunderung des Erzählers
- Cipolla als **Verkörperung der Macht des Geistes**, die das Schöne und Lebendige bekämpft → Auseinandersetzung zwischen Geist (= Cipolla) und Leben (jugendlicher Giovanotto) = Negativbild einer Kunst, die Geist verabsolutiert

Auf einen Blick

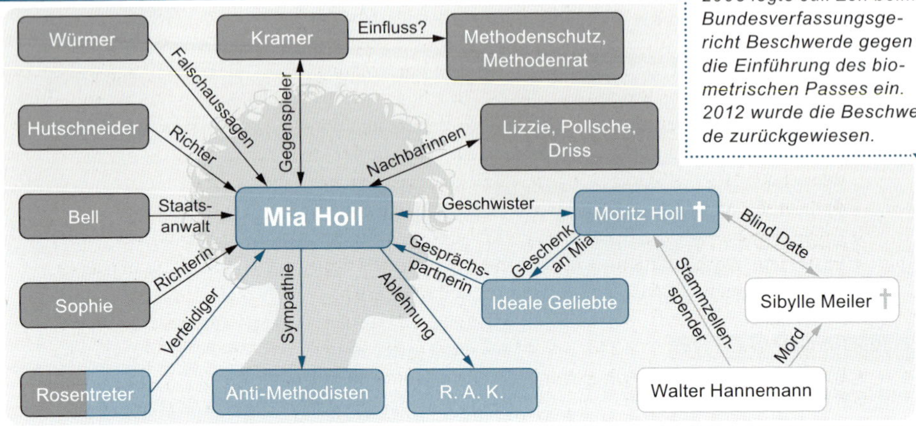

2008 legte Juli Zeh beim Bundesverfassungsgericht Beschwerde gegen die Einführung des biometrischen Passes ein. 2012 wurde die Beschwerde zurückgewiesen.

Kapitel 1 und 2: Zwei Schriftstück

- ***Das Vorwort:*** aus Schrift von Heinrich Kramer → **Gesundheit** als höchstes Ziel des Menschen
- ***Das Urteil:* Biologin Mia Holl** zum Einfrieren auf unbestimmte Zeit verurteilt

Kapitel 3 bis 17: Erste Konflikte mit der METHODE

- *Mitten am Tag, in der Mitte des Jahrhunderts:* Verhandlung zwischen **Richterin Sophie**, Staatsanwalt Bell und Rechtsanwalt Rosentreter über Strafen für Gesundheitsverbrecher; Eintreten des Journalisten **Kramer**; Klärungsgespräch mit Mia Holl beschlossen
- *Pfeffer:* Kramer auf dem Weg zu Mia → Begegnung mit drei Nachbarinnen im Treppenhaus
- *Die ideale Geliebte:* Mia erinnert sich (mit der imaginären idealen Geliebten) an ihren Bruder Moritz
- *Eine hübsche Geste:* Vorwurf Mias an Kramer, er sei an **Moritz' Suizid** im Gefängnis schuld
- *Genetischer Fingerabdruck:* Bericht über Moritz (Vorwurf der Vergewaltigung und des Mordes)
- *Keine verstiegenen Ideologien:* Mia und Kramer über die Sinnhaftigkeit der **METHODE**
- *Durch Plexiglas:* Tausch zwischen Mia und Moritz: **ideale Geliebte** gegen Schnur (für Suizid)
- *Eine besondere Begabung zum Schmerz:* Mias misslungener Versuch, ihre Wohnung zu putzen
- *Bohnendose:* Mias erfolgreiche **Gesundheitsuntersuchung** beim Amtsarzt
- *Saftpresse:* Sophies Hilfsangebot (Betreuung, Kur) von Mia abgelehnt (ihr Schmerz sei privat)
- *Nicht dafür gemacht, verstanden zu werden:* Einblick in Mias **Trauer** und stumme **Qual**
- *Privatangelegenheit:* Zugeständnis von Sophie → **Ruhe** und Zeit für Mia
- *Fell und Hörner, erster Teil:* Moritz' und Mias Gespräch über **Moritz' Liebesleben**
- *Rauch:* Liebesfantasie der Nachbarin Driss über Mia; **Mia beim Rauchen** im Flur entdeckt
- *Keine Güteverhandlung:* Geldstrafe für Mia wegen Rauchens, **Rosentreter** als ihr neuer Anwalt

Kapitel 18 bis 35: Verteidigung und Aufdeckung des Justizskandals um Moritz

- *Ein netter Junge:* Rosentreters Beteuerung, sich für Mia einzusetzen; Anfechtung der Geldstrafe
- *Wächter:* Hilfsangebot der drei Nachbarinnen von Mia abgelehnt
- *In der Kommandozentrale:* Streitgespräch Mia – ideale Geliebte: Sport werde Mia nicht heilen

- *Recht auf Krankheit:* TV-Talk bei Würmer: Kramer über die Entstehung der METHODE als neue Gesellschaftsordnung und über den Irrweg der **Anti-Methodisten**
- *Das Ende vom Fisch:* Streit zwischen Mia und Moritz über **Anpassung** und **Rebellion**
- *Der Hammer:* Mias **Härtefallantrag** abgelehnt; Verurteilung zu zwei Jahren Haft auf Bewährung
- *Which side are you on:* Rosentreters Wille, vor höherer Instanz zu klagen, von Mia akzeptiert
- *Unzulässig:* Rosentreters verbotene Liebe zu einer Frau; Vorhaben: **Moritz' Unschuld** beweisen
- *Schnecken:* Mia spricht über Moritz' Liebe zur Natur und zu den Menschen und über die Heilung seiner Leukämie → Grund für Mias dankbare Anpassung an die METHODE
- *Ambivalenz:* Mias **Verhältnis zu Kramer** zwischen Bewunderung und Ablehnung
- *Ohne zu weinen:* Moritz' Erscheinen bei Mia und sein Bericht über das Auffinden der Leiche
- *Unser Haus:* Nachbarinnen → Zeitungsbericht über Mia beschmutze guten Ruf des Hauses
- *Bedrohung verlangt Wachsamkeit:* Kramers Zeitungsbericht → Moritz als Terrorist
- *Die Zaunreiterin:* Forderung der idealen Geliebten, Mia solle sich gegen Kramers Lügen wehren
- *Fell und Hörner, zweiter Teil:* Moritz' **Ablehnung jeder Ideologie** → Verhaftung am Fluss
- *Das Recht zu schweigen:* **Mia verhaftet** wegen Führen einer methodenfeindlichen Vereinigung
- *Der Härtefall:* Mias Gesinnungsprüfung → ihre Gedanken zum politischen System und zu Revolutionen; Rosentreters Vortrag über Leukämie: Beweis, dass Moritz' Stammzellenspender **Walter Hannemann der wahre Mörder** von Sibylle Meiler ist
- *Das ist die Mia:* Fernsehbericht über den **Justizskandal**: Infragestellen der METHODE durch Mia

Kapitel 36 bis 39: Offene Opposition gegen die METHODE

- *Der größtmögliche Triumph:* Mias Entschluss, sich zu **Methodenfeindlichkeit** zu bekennen
- *Die zweite Kategorie:* Streitgespräch zwischen Mia und Kramer über die Legitimation der METHODE; Mias Aufforderung an Kramer, ihr folgendes Statement schriftlich festzuhalten
- *Wie die Frage lautet:* Mias Absage an die aktuelle Gesellschaft, die auf **falschen Werten** beruht
- *Vertrauensfrage:* Kramers Dank für Mias brisantes Statement; Abschied der idealen Geliebten

Kapitel 40 bis 50: Sieg der METHODE

- *Sofakissen:* erneute Verhaftung Mias durch Methodenschützer
- *Freiheitsstatue:* **Solidarisierung** vieler Menschen mit inhaftierter Mia: Proteste, Medienrummel
- *Der gesunde Menschenverstand:* staatstragende TV-Rede Kramers → Mia als gefährlicher Virus
- *Geruchlos und klar:* Mias Vortrag über Moritz' geistiges Erbe von Kramer per Diktiergerät aufgezeichnet; ihre **Weigerung**, Geständnis zu unterzeichnen, wonach sie und ihr Bruder als Mitglieder der Widerstandszelle *Die Schnecken* Moritz' Tod zu politischen Zwecken inszeniert hätten
- *Würmer:* falsche Zeugenaussage Würmers, Kontakt zur Widerstandszelle gehabt zu haben
- *Keine Liebe der Welt:* neues **Netz aus falschen Beweisen** gegen Mia: sie hätte Vergiftung des Trinkwassers geplant; Aushändigen einer langen Nadel an sie durch Rosentreter
- *Mittelalter:* kein Geständnis von Mia; Tod durch Erfrieren und Folter durch Kramer angedroht
- *›Es‹ regnet:* Leiden Mias an Folgen einer **Elektroschock-Folter**
- *Dünne Luft:* Mia bohrt Nadel in ihren Arm und überreicht Kramer den hervorgeholten Chip
- ***Siehe oben:* Gerichtsverhandlung** unter lauten Protesten → Verurteilung Mias zum Einfrieren
- ***Zu Ende:*** Einfrieren Mias in letzter Sekunde gestoppt durch Präsidenten des Methodenrats → Unterbringung in **Resozialisierungsanstalt** mit **psychologischer Betreuung**

Auf einen Blick

*Unter dem Titel „**Corpus Delicti – eine Schallnovelle**“ veröffentlichte Juli Zeh mit der Rockband SLUT eine CD: eine Collage aus Texten des Romans und aus Musikstücken.*

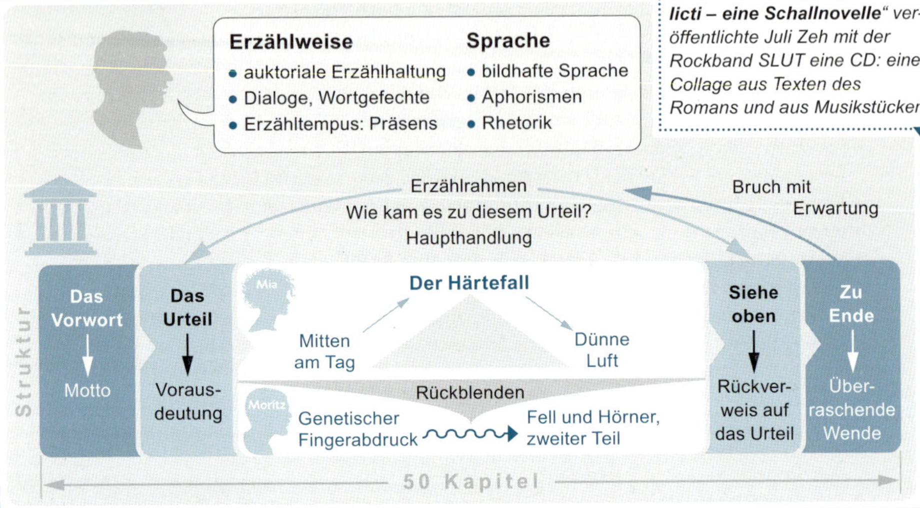

Aufbau und Struktur

- 2009 erschienener Roman mit **50 Kapiteln** von sehr unterschiedlicher Länge (ca. 2–16 Seiten)
- Kapitelbenennung: signifikante Wörter/Halbsätze aus dem Kapitel (oder gliedernd: z. B. *Zu Ende*)
- vorangestelltes ***Vorwort:*** Zitat aus Kramers ideologischer Schrift, außerhalb der erzählten Handlung angesiedelt, Funktion eines **Mottos:** Einstimmung auf Gedankenwelt der METHODE
- ***Das Urteil:*** scheinbare **Vorwegnahme des Romanendes** als offizielles Dokument, Spannung: Wie kam es zu diesem Urteil? → zusammen mit ***Siehe oben:*** Bildung des basalen Erzählrahmens
- von *Mitten am Tag, in der Mitte des Jahrhunderts* bis zu *Dünne Luft:* Geschichte darüber, wie es zu Mias Verurteilung kam → in der **Rückschau** und in **chronologischer Reihenfolge** erzählt
- **Höhepunkte** der Handlung: *Der Härtefall* (Niederlage für METHODE: Moritz' Unschuld) und *Wie die Frage lautet* (Mias Wandlung zur Systemgegnerin endgültig vollzogen)
- Erzählung über Mias Verurteilung immer wieder durch Rückblenden (Analepsen) unterbrochen: **Geschichte von Moritz** bzw. des Verhältnisses zwischen Mia und ihrem Bruder
- durch **Verschachtelung** der Erzähl- bzw. Handlungsebenen (Mias Geschichte – Moritz' Geschichte) bessere Beleuchtung der Entwicklung Mias: von der Konformistin zur Systemgegnerin
- Vergleich: Angelschnur bzw. Nadel ins Gefängnis → **Erwartung:** Begeht auch Mia Selbstmord?
- ***Zu Ende:*** Rückschau beendet, Fortsetzung der Handlung nach Urteilsverkündung: Erwartungen des Lesers nach *Das Urteil* unterlaufen → unerwartete **Schlusswendung**

Erzählweise

- Handlungsort und -zeit: in einer **Gesundheitsdiktatur** um das Jahr **2050**
- zeitliche Einordnung: Moritz seit ca. 4 Wochen tot, als Handlung um Mia einsetzt
- **auktoriales Erzählverhalten:** Erzähler nimmt Leser stark an die Hand (Herstellung von Gemeinschaft durch Wahl der Wir-Form) und macht seinen Wissensvorsprung deutlich

→ „Gehen wir der Einfachheit halber davon aus, dass sie [Mia] an Moritz denkt. Die Wahrscheinlichkeit, dass wir richtig liegen, ist sehr hoch." (S. 79)
- Erzähltempus: Präsens in der Mia-Handlung → **Unmittelbarkeit**, Gefühl des Lesers, die Ereignisse live mitzuerleben
- meist Präteritum als Erzähltempus in Moritz-Kapiteln („Wählen wir für ein paar Minuten die Vergangenheitsform", S. 60) → **Erinnerungscharakter** dieser Kapitel
- personales Erzählverhalten (in der Ich-Form) im Kapitel *Wie die Frage lautet* → Mias finales Bekenntnis zum Widerstand gegen die METHODE dadurch deutlich hervorgehoben
- Kramers Zeitungsartikel über Moritz (*Bedrohung verlangt Wachsamkeit*): ohne erzählerischen Eingriff abgedruckt → Leser des Romans gleichgestellt mit Zeitungsleser in der erzählten Welt
- **Vielzahl von Dialogen** in direkter Rede: Auseinandersetzungen der Figuren um richtige Verhaltensweisen und um Sinnhaftigkeit der METHODE dialektisch (Rede und Gegenrede) entfaltet → Austauschen unterschiedlicher Argumente und Sichtweisen als **rhetorische Wortgefechte** direkt vor den Augen des Lesers

Sprache und Stil

- nüchtern-schmuckloser Sprachstil und parataktischer Satzbau in den Erzählpartien → einfacher Zugang, **didaktische Ausrichtung** des Romans
- **rhetorische Ausgestaltung** der Dialoge: Vortragscharakter vieler Äußerungen mit dem Ziel, den Gesprächspartner vom eigenen Standpunkt zu überzeugen (v. a. bei Mia, Moritz, Kramer)
- Kramers menschenverachtende und **demagogische Sprache** v. a. aus Bereichen „Hygiene, Krankheit" (z. B. abweichende Gedanken als „Virus") → Nähe zur Wortwahl der NS-Propaganda
- Einsatz von Fremdwörtern und Fachbegriffen aus den Bereichen **Justiz**, **Medizin** und **politischer Philosophie** → Ernsthaftigkeit des Diskurses
- staatliche Medien: TV-Show WAS ALLE DENKEN und Zeitung DER GESUNDE MENSCHENVERSTAND: Anspruch auf Allgemeingültigkeit und Verbindlichkeit sprachlich festgehalten
- „Santé" (frz., „Gesundheit") als Grußformel: Gesundheitswahn in Alltagssprache integriert
- Charakterisierung durch sprechende Namen: z. B. Kramer (Suche nach Geheimnissen), Würmer (Unterordnung, Gehorsam)
- **bildhafte Sprache:** Vielzahl von Vergleichen und Metaphern → lebendige Charakterisierung des Verhaltens und des Innenlebens der Figuren (z. B. Mia als „Zaunreiterin")
- **Aphorismen:** kurze Sätze, die losgelöst vom Kontext vermeintliche Lebensweisheit ausdrücken und im Text Meinung der Figuren darstellen (z. B.: „Um frei denken zu können, muss sich der Mensch vom Tod abwenden", S. 94) → fordern den Leser zur Auseinandersetzung auf
- Abstammung des Romans von einem Theaterstück sprachlich noch klar erkennbar: **Szenenhaftigkeit** vieler Kapitel v. a. durch lange Dialoge und schnelle Wechselreden

Gattungszugehörigkeit

- **dystopischer Science-Fiction-Roman:** düstere Zukunftsvision der Gesellschaft, in der die technisch-wissenschaftlichen Neuerungen zur Unterdrückung der Menschen eingesetzt werden
- **Kriminalgeschichte:** Verbrechen im Mittelpunkt der Handlung → Mord an Sibylle Meiler und Verstrickung von Moritz Holl eng verknüpft mit der Frage nach der Legitimation der METHODE
- **Gerichtsdrama:** Nähe des Textes zum Theater, Haupthandlung in Gerichtssälen angesiedelt
- **Entwicklungsroman:** Mias Weg von der systemkonformen Musterbürgerin zur rebellischen Widerständlerin als Akt der intellektuellen und emotionalen Reifung

Auf einen Blick

Juristisch
- Staat als Straftäter entlarvt
- Kritik an Überwachung und Folter

Soziologisch
- Konflikt zwischen Gemeinwohl und persönlicher Freiheit
- fehlende Sensibilität im Umgang mit Daten

Fitnessarmbänder und -apps messen die Bewegungen ihrer Benutzer, und viele Versicherungsunternehmen haben großes Interesse an diesen Daten. Werden Juli Zehs Befürchtungen bald wahr?

Psychologisch
- Mias Trauer und Schuldgefühle
- Mias Entwicklung zur Systemgegnerin

Politisch
- Unmenschlichkeit der Gesundheitsdiktatur
- Recht auf Widerstand bei Fehlern im System

keine Allgemeingültigkeit nur eines Deutungsansatzes, sondern immer Zusammenspiel mehrerer Lesarten

Juristische Lesart

- Corpus Delicti = in der Rechtssprache ein Gegenstand, mit dem eine Straftat begangen wurde → überragende **Bedeutung des Körpers** für die METHODE
- Richterin Sophie → Anhängerin der METHODE, akribisch, jedoch abgesetzt wegen Befangenheit
- Verteidiger Rosentreter → systemkritisch und liberal: **Gerichtsprozess als Theater** und Spiel
- Richter Hutschneider → von Mias Prozess überfordert, deswegen überaus gehorsam und streng
- Justiz in der Hand politischer Entscheidungsträger: Einfluss des Journalisten Kramer und des Methodenrats → **keine Unabhängigkeit der Justiz**, keine Gewaltenteilung
- falsche Beweise gegen Mia von staatlicher Seite aus, Mia zur Täterin gemacht: Würmer als falscher Zeuge, erfundene Terrororganisation *Schnecken* → **Staat als Straftäter**
- **Überwachung** durch Justiz und Bestrafung bei Fehlverhalten: Ganzkörperaufnahmen, sportliches Leistungsprofil, Schlaf- und Ernährungsbericht, Blut- und Urinproben, Chip im Körper
- DNA-Test in Moritz' Prozess trügerisch→ keine Unfehlbarkeit naturwissenschaftlicher Methoden
- Autor des Buchs *Hexenhammer* von 1487 heißt Heinrich Kramer, Folterung der „Hexe" Mia: **Projektion mittelalterlicher (Rechts-)Verhältnisse** in eine fiktive Zukunft → Grausamkeit als epochenübergreifendes Merkmal der menschlichen Natur

Psychologische Lesart

- Mia früher: **rational**, von Beruf Biologin, ohne Interesse an Menschen oder an Liebe, **angepasst** aus Dankbarkeit für die Hilfe der METHODE bei Moritz' Heilung von Leukämie
- **Geschwisterbeziehung** Moritz – Mia: gegenläufige Ansichten → Moritz als romantischer Träumer, lustiger Rebell und Poet – Mia als spöttische und kalte Realistin
- **Trauer** um Moritz und **Schuldgefühle** nach dessen Suizid (Angelschnur!): Mias Leben aus den Fugen → Beginn der staatlichen Intervention, **Einmischung in Mias Privatleben**
- Mia von Moritz' Unschuld überzeugt → Verlangen nach **Gerechtigkeit**
- Mias Entwicklung während der Trauerarbeit: zunehmend kritischer und kämpferischer → Ansporn zum Rebellieren durch die **ideale Geliebte** (= Moritz' Sprachrohr)
- Mias „Selbstgespräche" mit idealer Geliebten auch als **geistige Verwirrung** deutbar

- Mias persönliches Unglück und ihr psychischer Zustand zur öffentlichen **Staatsaffäre** und zur Bewährungsprobe für die METHODE erhoben
- entscheidender Einschnitt für Mias Entwicklung: Rosentreters Beweis, dass Moritz unschuldig ist → von da an **keine Selbstzweifel mehr**, selbstsicheres Eintreten für ihre Ansichten
- **Mias Standhaftigkeit:** kein falsches Geständnis, Ertragen von Folter, Bereitschaft zum Tod → **Verlust ihrer Stärke** durch überraschende Begnadigung und **Entmündigung**

Soziologische Lesart

- staatlich regulierte Zuordnung der Partner nach Immunsystemen (zum Erhalt gesunder DNA) → massive **Einschränkung der freien Partnerwahl**, Ähnlichkeit zur **NS-Rassenhygiene**
- gesellschaftlicher Umgang mit Krankheit in der METHODE: Krankheit als historisches Phänomen und unzulässige Abweichung → **Verklärung der Gesundheit** zum Religionsersatz, zur Staatsideologie, zum sichtbar gewordenen Willen und zur Bereitschaft zur Höchstleistung
- **Unmenschlichkeit** der rein auf Vernunft fixierten METHODE → Ignorieren von Gefühlen, von Liebe, von Affekten und von individuellen Eigenschaften
- Kritik am Staat: Vorschieben von Sicherheitsbedenken zur **Beschneidung der Freiheitsrechte der Bürger** → in Wahrheit: Streben nach mehr Kontrolle und Überwachung
- Kritik an den Bürgern: **allzu großer Gehorsam** gegenüber dem Staat, gutgläubige **Preisgabe von persönlichen Daten** → mehr Engagement, Sensibilität und Zivilcourage nötig
- **Rolle der Medien** in der METHODE: Staatspropaganda → **keine Meinungspluralität**
- Kramers **Populismus**, **Demagogie** und **Fanatismus** in seiner Rolle als Topjournalist und Chefideologe der METHODE (Kramer als geheimes Staatsoberhaupt? vgl. Kapitel *Zu Ende*)
- Mias Nachbarinnen (außer Driss) als personifiziertes **Mitläufertum**, als Opportunisten

Politische Lesart

- Staatsform in *Corpus Delicti:* Gesundheitsdiktatur → **totalitärer Überwachungsstaat**
- „Übereinstimmung von allgemeinem und persönlichem Wohl" von Kramer als Ziel definiert (S. 87) → **heuchlerische Doktrin**, denn Entscheidung, was „Wohl" ist, fällt die METHODE
- körperliche Gesundheit zum höchsten politischen Wert deklariert (Kramer: „[d]as Störungsfreie, Fehlerlose, Funktionierende", S. 181) → **keine Toleranz** für Schwäche, Fehler, Individualität
- verschiedene Weltbilder – verschiedene politische Auffassungen:
  - historische Legitimierung der METHODE durch Kramer (vgl. S. 88 f.): nach zwei Weltkriegen → **Entideologisierung** → Einsamkeit, Werteverfall → Unsicherheit, Angst: Geburtenrückgang, Krankheiten, Terror → METHODE = **neues Sinnangebot**
  - Moritz' Philosophie der Liebe (vgl. S. 26 f.): Zerstörung des göttlichen Weltbildes durch Naturwissenschaften → Mensch im Zentrum ohne neue Orientierung → **Liebe als Leitbild** und als Sammelbegriff für Freiheit, Naturverbundenheit und Pluralismus
  - Mias Staatsverständnis (vgl. S. 158 ff.): Abgrenzung von sinnlosen Revolutionen, Staat nur auf eine Weise legitimierbar: durch bestmögliche Unterstützung bei „natürliche[m] Streben der Menschen nach Leben und Glück" (S. 161) → ansonsten **Recht auf Widerstand**
- Mobilisierung von **Systemgegnern** durch Mias Fall:
  - radikale R.A.K. („Recht auf Krankheit", vgl. RAF): **Gewalt gegen Unschuldige** → Berufung auf Mia als Symbolfigur, entschiedene Ablehnung dieser Vereinnahmung durch Mia
  - **gewaltlose Proteste** und Demonstrationen der wachsenden Anzahl der Anti-Methodisten
  - **offenes Ende** des Romans: Erfolge der Systemgegner oder endgültiger Sieg der METHODE?

Auf einen Blick

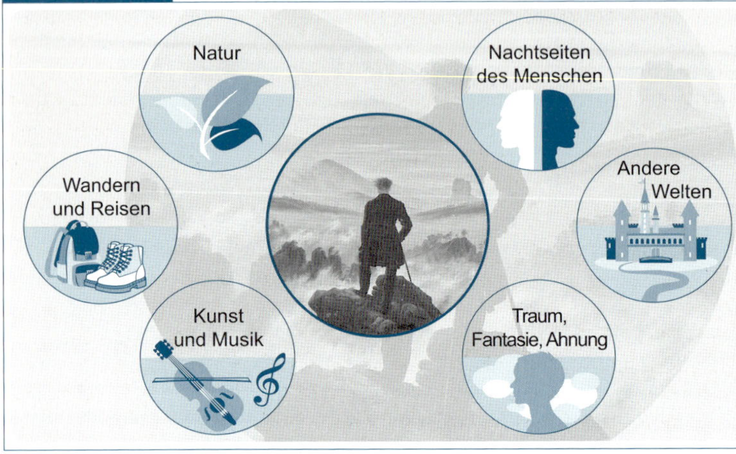

Manchmal sind kurze Definitionen die einprägsamsten und treffendsten: Laut Novalis heißt Romantik, „dem Gewöhnlichen ein ungewöhnliches Aussehen zu geben, das Banale in ein Geheimnis zu verwandeln."

Natur

- **Urzustand der Einheit alles Seienden ist verloren** gegangen: Einheit zwischen Natur – Mensch – Gott ist nur in Natur sichtbar → **Sehnsucht** der Romantiker nach Wiederherstellung dieser Verbindung → „**Blaue Blume**" als Symbol dieser Sehnsucht
- Abwendung von der Zivilisation und ihren Zumutungen (u. a. beginnende Industrialisierung, napoleonische Besetzung, Auflösung des dt. Kaiserreichs, Befreiungskriege) → **Hinwendung zur idyllischen Natur und zu christlichem Gott** → Suche nach Orientierung und Sinn, aber auch Eskapismus → Veränderung der Gesellschaft durch Revolution des Denkens/Schreibens
- Natur als **Buch Gottes**, in dem der Mensch lesen kann und dessen Wunder er bestaunen kann → Natur als heiliger Raum
- Natur sendet verrätselte Botschaften („Hieroglyphen"), die der Mensch entschlüsseln muss (vgl. Eichendorff, *Wünschelrute*)
- Natur als **Spiegel der menschlichen Seele** und des Lebens, u. a. durch Jahreszeiten (z. B. Frühling → Neubeginn, Euphorie, Gefühlsintensität) oder durch Naturerscheinungen (z. B. Stürme oder Wellen → Widrigkeiten des Lebens)
- Lebendigkeit der Natur: rauschende Wälder, Bäche und Brunnen, singende Vögel etc.
- **Wald als außergesellschaftlicher Ort und Gegenwelt** (z. B. zum städtischen Trubel): Ort des Rückzugs, der Geborgenheit und der Wunder, aber auch der Einsamkeit und der Bedrohung

Wandern und Reisen

- Wandern als **Ausdruck der Sehnsucht nach der Unendlichkeit und des Fernwehs** (vgl. Motiv des klingenden Posthorns)
- Reisen in die Natur = Reisen zu sich selbst → „Nach innen geht der geheimnisvolle Weg" (Novalis): Reisen als **Selbsterkundung und -erkenntnis**, als Suche nach Nähe zu Gott
- Unterwegssein als Ausdruck des romantischen Lebensgefühls ↔ Stillstand und Gemütlichkeit

- Reisen als **Befreiung aus der spießig-philisterhaften Sesshaftigkeit**, als Akt der Freiheit und der Selbstbestimmung → ABER: auch Gefahr, sich auf Reisen zu verlieren (durch Verlockungen der Welt, durch sinnliche Genüsse usw.)
- Reisen als **Sinnbild für das menschliche Leben:** Leben als ständiges Unterwegssein
- Endlosigkeit der Wanderung: **Kreislauf** aus Aufbruch – Unterwegssein – Ankommen – erneuter Aufbruch → ABER: Vorhandensein von **Gottvertrauen**, dass alles glücklichen Ausgang nimmt
- häufige Reiseziele: Stillen der Sehnsucht, **Finden des Glücks oder der großen Liebe**

Kunst und Musik

- künstlerische Tätigkeiten und Künstler als Gegenstand romantischer Lyrik: z. B. Musik, Gesang, Dichtung, Malerei, Bildhauerei → Künstler als **Idealbild des unverfälschten, poetischen Menschen**
- „Poetisierung des Lebens" als Ziel → **Grenzen zwischen Kunst und Realität aufheben**, äußere Welt spiritualisieren, „Die Welt muss romantisiert werden" (Novalis)
- Musik als **Ausdruck der romantischen Lebensfreude** (vgl. fahrende Sänger des Mittelalters)
- Aufgabe der Kunst: beim Rezipienten **Empfindungen der Sehnsucht erzeugen**

Traum, Fantasie, Ahnung

- Abgrenzung gegenüber der Aufklärung und der Weimarer Klassik: Gefühle, Imagination und Innenleben als notwendiges **Korrektiv zur Vernunft** → Mensch als Wesen mit Verstand UND Emotionen, Ganzheitlichkeit des Menschen, **Aufwertung des Irrationalen und Unbewussten, Blick nach Innen**
- Vermischung verschiedener Wahrnehmungsebenen: z. B. **Realität – (Alb)Traum – Fantasie** → kein Unterscheiden mehr möglich, Transzendentales als Bestandteil der Welt
- Kraft der menschlichen Vorstellungskraft
- durch Erleben „übernatürlicher" Ereignisse: Einblick des Menschen in die göttliche Natur → Erzeugen von Demut: Mensch wird auf seinen **Platz in der gottgegebenen Ordnung** verwiesen

Nachtseiten des Menschen

- zu Beginn des 19. Jh. auch auf wissenschaftlich-philosophischer Ebene: zunehmende **Beschäftigung mit der menschlichen Seele und Psyche** (vgl. Schriften von Gotthilf H. v. Schubert)
- durch Blick auf das Innenleben des Menschen: auch in der Poesie verstärkte Thematisierung „negativer" Bewusstseinszustände → **Wahnsinn, Ohnmacht, Fieber, Verzweiflung, Einsamkeit, Schwermut** → Entgrenzung des romantischen Menschen
- literarischer Fokus auf psychische Nachtseiten auch als Ausdruck des verlorenen Sinnzusammenhangs, der **Entfremdung des Menschen von sich selbst**, der verlorenen Nähe zu Gott

Andere Welten

- Empfinden des Ungenügens an der eigenen Zeit (u. a. Gewalt der Französischen Revolution, Napoleon, Restauration) → Suche nach Sinn und Identität
- **nostalgisch-idealisierter Blick in die Vergangenheit** → Hinwendung zum Mittelalter (Ritter, Fräulein, Burgen, Schlösser, Kirchen usw.)
- literarische Beschäftigung mit deutschen **Märchen, Sagen und Mythen**
- typisch romantisch: **Loreley-Mythos** (vgl. z. B. Gedichte von Brentano, Eichendorff, Heine)

Lyrik der Romantik

Auf einen Blick

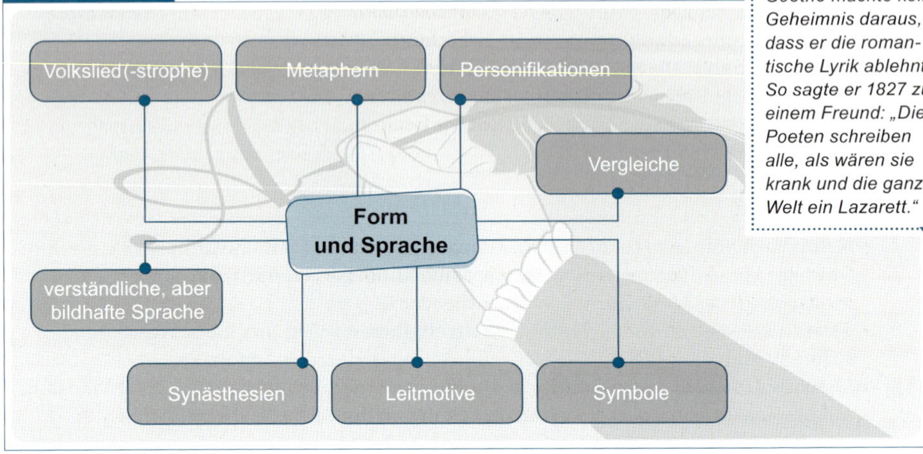

Goethe machte kein Geheimnis daraus, dass er die romantische Lyrik ablehnt. So sagte er 1827 zu einem Freund: „Die Poeten schreiben alle, als wären sie krank und die ganze Welt ein Lazarett."

Form

- **Nähe der romantischen Gedichte zum deutschen Volkslied** (mittelalterliche Tradition, mündlich überliefert) → als sangbar gedachte Lyrik, **Lied als Ausdruck des „Volksgeistes"**
- sog. **Volksliedstrophe bzw. Volkslied** → keine strengen Vorgaben, eher als Orientierung, u. a.:
  - vier Verse pro Strophe
  - drei Hebungen pro Vers (jambisch)
  - abwechselnd weibliche und männliche Kadenz
  - Kreuzreim (oder auch Paarreim)
  - Füllungsfreiheit: beliebig viele Senkungen zwischen Hebungen, nicht streng alternierend (*ich* ***weiß*** *nicht, was* ***soll*** *es bede****u****ten, / dass* ***ich*** *so tr****au****rig* ***bin***; Heine)
- weitere Gedichtformen der Romantik:
  - **Hymne:** erhabener, pathetischer Preis- und Lobgesang in freien Rhythmen (z. B. Novalis)
  - **Sonett:** 14 Verse mit zweiteiligem Aufbau: zwei Quartette und zwei Terzette (z. B. Eichendorff)
  - **Ballade:** Mischung dramatischer, epischer und lyrischer Elemente → naturmagische Ballade, Schauerballade, Volksballade (z. B. Heine, Brentano)
- Dominanz von erzählerisch-handlungsorientierten Gedichten: Tradition der **Erlebnislyrik** (aus Sturm und Drang) → Erlebnisse / Beobachtungen (in Ich- oder Er-Form) → danach oder parallel: **Reflexion** / Bewertung / **Einordung in größere, oft religiöse Zusammenhänge**
- romantische Gedichte häufig in Prosatexte (Romane, Erzählungen) eingebettet: **Verschmelzung der literarischen Gattungen im Sinne der romantischen Universalpoesie**, aber auch kontextunabhängiges Verstehen der Gedichte möglich

Wortwahl und Sprache

- **verständliche Sprache:** Verzicht auf Fremdwörter oder Bildungssprache
- **transparenter Satzbau:** keine langen Hypotaxen, oft Zeilenstil
- nachvollziehbare „Handlung" des Gedichts: meistens keine elaborierten Anspielungen, **kein Bildungswissen notwendig** (wie z. B. in Weimarer Klassik)

- **Bemühen, einen „volksnahen" Ton herzustellen** und damit viele Leser zu erreichen → kein elitäres Kunstverständnis bzw. Erziehungsvorhaben wie in Weimarer Klassik → romantisches Ideal der Ursprünglichkeit, der kindlichen Schlichtheit
- **Liedcharakter und Musikalität der Gedichte** → Wirkung: Eingängigkeit und Einprägsamkeit der Inhalte, Musik als unmittelbarer Ausdruck des Inneren, Transportieren einer Stimmung
- ABER: trotz vordergründiger Zugänglichkeit der Gedichte → **Bildhaftigkeit der Sprache erschwert Verständnis**

Stil

- **Metaphorik und Vergleiche** (mit *wie* oder *als*): Bildhaftigkeit und Anschaulichkeit des Geschilderten → Suche nach tertium comparationis, um Sinn dahinter zu verstehen (z. B. *Es war, als hätt' der Himmel / Die Erde still geküßt*; Eichendorff)
- Synästhesien verdeutlichen **Vielzahl, Gleichzeitigkeit und Intensität der Sinneswahrnehmungen** v. a. in der Natur
- Personifikationen von Naturelementen (z. B. Bäume, Wind, Wolken), Natur als handelnde Figur → **Lebendigkeit und geheimes Eigenleben der Natur**, verborgene Kräfte, ABER auch latente Gefahr
- **Verwendung von Symbolen / Leitmotiven** (z. B. Blaue Blume, zerbrochenes Ringlein, Mühlrad) → aufgeladen mit Bedeutung: z. B. Sehnsucht, Liebe, wechselhaftes Leben
- **wiederkehrende Handlungsschauplätze:** z. B. Wälder, Berge, Wiesen, ruinenhafte Gebäude, nächtliche Landschaft → typische Orte, die das romantische Lebensgefühl widerspiegeln

Häufige Stilmittel mit Beispielen

- **Personifikation:** Vermenschlichung von Nichtmenschlichem, z. B. *Es redet trunken die Ferne / Wie von künftigem, großem Glück!* (Eichendorff)
- **Allegorie:** durchgehende Metaphorisierung, z. B. *Und meine Seele spannte / Weit ihre Flügel aus, / Flog durch die stillen Lande, / Als flöge sie nach Haus.* (Eichendorff)
- **Imperativ:** Befehl oder Aufforderung, z. B. *Ach Gott, führ uns liebreich zu Dir.* (Eichendorff)
- **Wiederholung**, z. B. *O Wandern, Wandern, meine Lust, / O Wandern!* (Müller)
- **Alliteration:** aufeinanderfolgende Wörter mit dem gleichen Anfangslaut, z. B. *Wirf um den weiten weißwallenden Schleier* (Heine)
- **Metapher:** bildlicher Vergleich, z. B. *Die Augen sind zwei Flammen* (Brentano)
- **Diminutiv:** Verkleinerungs- bzw. Verniedlichungsform, z. B. *Äuglein, Blümelein* (Heine)
- **Anapher:** Beginn aufeinanderfolgender Verse oder Wortgruppen mit dem gleichen Wort/der gleichen Wortgruppe, z. B. *Soll frevelnd ich dem liebsten Wunsch entsagen? / Soll mutig ich zum Schattenreiche gehn?* (Günderrode)
- **Ausruf**, z. B. *O du goldne Schrift durch den Sterneraum!* (Uhland)
- **Neologismus:** Wortneuschöpfung, z. B. *Blütenschimmer* (Eichendorff)
- **Rhetorische Frage:** Scheinfrage, die keine Antwort erwartet, z. B. *Hörst du nicht die Bäume rauschen / Draußen durch die stille Rund'?* (Eichendorff)
- **Onomatopoesie:** Lautmalerei, Nachahmung eines (Natur-)Lautes, z. B. *So jubelnd recht in die hellen, / Klingenden, singenden Wellen* (Eichendorff)
- **Synästhesie:** Vermischung von Sinnesgebieten, z. B. *Durch die Nacht, die mich umfangen, / blickt zu mir der Töne Licht!* (Brentano)

Lyrik der Romantik

Auf einen Blick

Lyriker der Romantik

Novalis
- Leiden am frühen Tod seiner Verlobten Sophie v. Kühn
- „Erfinder“ der Blauen Blume

Heinrich Heine
- Rebell: ironischer Umgang mit romantischen Motiven
- Zensur seiner Werke im restaurativen Deutschland
- Exil in Paris

Clemens Brentano
- unstetes Wanderleben
- Mitherausgeber von *Des Knaben Wunderhorn*
- Konversion zum Katholizismus

Joseph v. Eichendorff
- nach Kriegsdienst: Karriere als Staatsbeamter
- Enttäuschung über Staat: Hinwendung zur Schriftstellerei

Karoline v. Günderrode
- als gelehrte Stiftsdame: Drang nach Freiheit und Autonomie
- unglückliche Liebesbeziehungen

Die Romantik war nicht nur eine Strömung der deutschen Literatur, sondern eine kulturgeschichtliche Epoche in Europa, die ihren Einfluss bis ins 20. Jahrhundert ausübte und unsere Kultur bis heute prägt. Sie umfasste auch die bildende Kunst, die Malerei, die Musik und viele Bereiche der Wissenschaft.

Friedrich von Hardenberg = Novalis

- * 2. Mai 1772 in Oberwiederstadt; † 25. März 1801 in Weißenfels (Tuberkulose)
- zweites von elf Kindern, **streng pietistisches Elternhaus**; 1788: erste Gedichte
- 1790–94: Studium (Mathematik, Jura, Philosophie) in Jena, Leipzig, Wittenberg: Kontakte zu Schiller und Goethe, Freundschaft mit Tieck und Brüdern Schlegel → **philosophisch-theorielastige Frühromantik** (Poesie als „Gemütserregungskunst“)
- ab 1794: Gerichtsschreiber in Tennstedt; 1795: Verlobung mit Sophie von Kühn, die 1797 stirbt → Andenken an sie im Gedichtzyklus *Hymnen an die Nacht* (1800): **Prosa- und Verspassagen**
- ab 1797: Studium an Bergakademie Freiberg, dann Beamtenkarriere in Weißenfels und Thüringen
- 1798: Verlobung mit Julie von Charpentier; Prosafragmente *Blüthenstaub* (Pseudonym Novalis)
- 1802, postum veröffentlicht: *Geistliche Lieder* und Romanfragment *Heinrich von Ofterdingen*
- **Auswahl bekannter Gedichte**: *Wenn nicht mehr Zahlen und Figuren* (1800); *Sehnsucht nach dem Tode* (1800); *Fern im Osten wird es helle* (1802)

Clemens Brentano

- * 9. September 1778 in Koblenz; † 28. Juli 1842 in Aschaffenburg
- ab 1795: Kaufmannslehre, Studium (Bergwissenschaften, Medizin) in Halle und Jena (alles abgebrochen) → Bekanntschaft u. a. mit Herder, Goethe, Tieck, Fichte, F. Schlegel
- 1801: Roman *Godwi*, **Freundschaft zu Achim von Arnim** → prägen sog. Heidelberger Romantik; von da an: **unstetes Wanderleben**
- 1803: Heirat mit Sophie Mereau († 1806), Tod der drei gemeinsamen Kinder
- 1805–08: ***Des Knaben Wunderhorn*** (mit A. von Arnim): **Sammlung deutscher Volkslieder** vom Mittelalter bis 18. Jh. (teils stark bearbeitet) → Ausprägung eines deutschen Nationalgefühls
- 1809–18: Aufenthalte u. a. in Berlin, Böhmen, Wien; **Konversion zum Katholizismus**
- ab 1824: Leben an wechselnden Orten, unerwiderte Liebe zu Emilie Linder → lyrisches Spätwerk
- **Auswahl bekannter Gedichte**: *Sprich aus der Ferne* (1800); *Zu Bacharach am Rheine* (1801; Erfindung des Loreley-Mythos); *Der Spinnerin Nachtlied* (1818)

Karoline von Günderrode

- * 11. Februar 1780 in Karlsruhe; † 26. Juli 1806 in Winkel: **Suizid**, weil sich ihr Geliebter Friedrich Creuzer von ihr getrennt hat
- nach Tod des Vaters (Regierungsrat) 1786: bescheidenes Leben mit ihrer Mutter und ihren fünf Geschwistern in Hanau
- 1797: Eintritt in evangelisches **Damenstift** in Frankfurt a. M. → Studium verschiedener Fächer, **Drang nach Freiheit und Selbstbestimmung**, aber als Stiftsdame: **sittsamer Lebenswandel gefordert** → Gefühl der Gefangenschaft
- 1799: **unerwiderte Liebe** zum Rechtsgelehrten Friedrich Carl von Savigny, durch den sie auch erstmals Kontakt zu Romantikern erhält (u. a. zu Bettina und Clemens Brentano)
- 1804: *Gedichte und Phantasien* → Günderrode als **„Sappho der Romantik"** bezeichnet; Beginn einer **Liebesbeziehung** zum unglücklich verheirateten Wissenschaftler Friedrich Creuzer
- **Auswahl bekannter Gedichte**: *Der Kuss im Traume* (1804); *Der Luftschiffer* (1804); *Überall Liebe* (1806)

Joseph von Eichendorff

- * 10. März 1788 in Oberschlesien; † 26. November 1857 in Neiße
- Abstammung aus preußischer Offiziersfamilie (Vater) und schlesischem Landadel (Mutter)
- 1805–12: Jura-Studium in Halle, Heidelberg, Wien → Kontakt zu Arnim, Brentano und Schlegels
- 1813–15: Soldat in **Befreiungskriegen gegen Napoleon**; 1815: Heirat mit Louise von Larisch
- ab 1816: **Staatsdienst** in Breslau, Danzig, Königsberg → **viele Karrierehürden für Eichendorff als Katholiken und liberalen Zeitgenossen** im reaktionären, protestantischen Preußen
- 1826: Novelle *Aus dem Leben eines Taugenichts* → **Spätromantik**
- ab 1831: in verschiedenen Ministerien in Berlin tätig; 1837: **gesammelte *Gedichte***
- Ruhestand ab 1844 → bis 1855 wechselnde Wohnorte, dann Neiße in Oberschlesien
- **Auswahl bekannter Gedichte**: *Das zerbrochene Ringlein* (1810); *Die zwei Gesellen* (1818); *Sehnsucht* (1830/31); *Wünschelrute* (1835); *Mondnacht* (1837)

Heinrich Heine

- * 13. Dezember 1797 in Düsseldorf; † 17. Februar 1856 in Paris
- ab 1816: nach der Ausbildung erfolglos als Kaufmann tätig in Frankfurt und Hamburg
- 1819–23: Jura-Studium in Bonn, Göttingen, Berlin (Vorlesungen bei A. Schlegel und Hegel) → **Aufscheinen von Heines rebellischem Charakter**
- 1822: *Gedichte*; 1824: *Dreiunddreißig Gedichte*; 1827: *Buch der Lieder* → Heine als **„entlaufener Romantiker"**: Überwindung der Romantik durch **ironische Brechung romantischer Motive**
- 1831: Anfeindungen gegen Heine wegen jüdischer Herkunft und liberaler Ansichten, Probleme mit **Zensur im restaurativen Deutschland** → Übersiedlung ins revolutionäre Paris
- ab 1835: Heines Werke in Deutschland verboten
- 1836: *Die romantische Schule* = erste literaturgeschichtliche Abhandlung zur Romantik mit polemischen Zügen
- 1843/44: zwei Reisen nach Deutschland; 1844: *Neue Gedichte* und *Deutschland. Ein Wintermärchen*
- seit 1848: wegen einer Krankheit ans Bett gefesselt → „Matratzengruft"
- **Auswahl bekannter Gedichte**: *Ich weiß nicht, was soll es bedeuten* (1823); *Mein Herz, mein Herz ist traurig* (1827); *Wahrhaftig* (1827)

Auf einen Blick

Spöttisch-liebevoll nannte der Schriftsteller Robert Musil seine Heimat, die k.u.k.-Monarchie, „Kakanien".

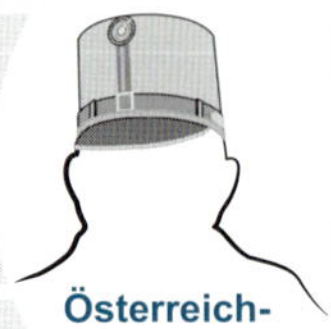

Deutsches Reich		Österreich-Ungarn
1871 Gründung als autoritärer Obrigkeitsstaat, stärkste Macht in Mitteleuropa	**Staatsform**	über 600-jähriges Habsburgerreich; seit 1867 Doppelmonarchie (k.u.k.); Vielvölkerstaat
Instrumentalisieren von Feindbildern (kath. Kirche, Arbeiterbewegung)	**Innenpolitik**	nationalistische Strömungen, Rückständigkeit in Wirtschaft und Verwaltung
Bismarck: komplexes Bündnissystem ↔ Wilhelm II.: Flotten- und Kolonialpolitik → Konflikte, Isolation Deutschlands	**Außenpolitik**	Konzentration auf Balkan → Konflikte mit Russland, Isolation

Reichsgründung

- Vorantreiben des **Einigungsprozesses** durch **Preußen** (federführend: Ministerpräsident Otto von Bismarck) → **drei Einigungskriege** (Deutsch-Dänischer Krieg 1864; Deutsch-Deutscher Krieg 1866; Deutsch-Französischer Krieg 1870/71)
- 18. Januar 1871: **Gründung des deutschen Kaiserreichs** als autoritärer Macht-, Obrigkeits- und Militärstaat ohne Beteiligung des Volks (Nationalstaatsgründung „von oben")
- Deutsches Reich als föderaler Bundesstaat und konstitutionelle Monarchie mit Kaiser als politische und militärische Spitze
- Verfassung als Balanceakt zwischen starker Monarchie und parlamentarischer Demokratie

Innenpolitik unter Bismarck

- Bismarck: nur notgedrungenes **Sich-Arrangieren mit Parlament** → **wechselnde Bündnisse** mit einzelnen Parteien („Schaukelpolitik"), um sich Mehrheiten im Reichstag zu verschaffen
- Verwendung wechselnder Feindbilder: jeweils Kampf gegen „Reichsfeinde"

„Kulturkampf" (1871–1887)

= Vorgehen Bismarcks **gegen katholische Kirche und ihre politische Vertretung** (Zentrum) → **Zurückdrängung des geistlichen Einflusses** im Staat

- **Maßnahmen:** u. a. **„Kanzelparagraph"** (Verbot für Geistliche, sich während der Ausübung ihres Berufs zu politischen Themen zu äußern), Schulaufsichtsgesetz, Einführung der **Zivilehe**
- ABER **Scheitern der Maßnahmen:** Vertiefung der Spaltung der Gesellschaft und Verstärkung des Zusammengehörigkeitsgefühls der Katholiken → **Beilegung des „Kulturkampfs"**

Doppelstrategie gegen Sozialdemokratie (1878–1890)

- **Sozialistengesetz** zur **Bekämpfung des politischen Arms der Arbeiterbewegung:** Verbot sozialistischer Parteien, Vereinigungen, Versammlungen und Druckschriften

- Verbesserung der Lage der Arbeiter mithilfe der staatlichen **Sozialgesetzgebung**, um Arbeiter mit Staat zu versöhnen und von politischen Forderungen abzubringen: **Krankenversicherung** (1883), **Unfallversicherung** (1884), **Alters- und Invaliditätsversicherung** (1889) → ABER **Scheitern der Maßnahmen** und **Stärkung der Sozialdemokratie**

Außenpolitik des Kaiserreichs

- **Ausgangslage:** Aufstieg des Deutschen Reichs zur stärksten Macht in Mitteleuropa → Misstrauen der anderen europäischen Großmächte
- Festhalten Bismarcks am **Status quo:** Deutschland territorial **„saturiert"**
- Hauptziel: **Isolierung Frankreichs**, um Revanche und Gefahr eines Zweifrontenkriegs auszuschließen → **komplexes Bündnissystem**
- 1890: **Rücktritt Bismarcks** → „persönliches Regiment" Wilhelms II. und **„Neuer Kurs"** in der Außenpolitik → Unberechenbarkeit für andere Mächte
- 1897: Wunsch nach „Weltgeltung" und Forderung nach einem **„Platz an der Sonne"** (Reichskanzler Bülow) für Deutschland → Teilnahme des Kaiserreichs am „Wettlauf um Afrika" im Rahmen des **Imperialismus** → Beginn einer ehrgeizigen **Flotten- und Kolonialpolitik**
- **außenpolitische Konflikte:** Marokkokrisen (1905/06, 1911), Balkankrisen (1908/09, 1912, 1913)
- **Julikrise 1914:** Ermordung des österreichischen Thronfolgers Franz Ferdinand in Sarajevo am 28. Juni 1914 → Eskalation des Konflikts zum **Ersten Weltkrieg** (1914–1918)

Imperialismus

- **Zeitalter des Imperialismus** von 1880–1914: Intensivierung der europäischen Expansion und Wettlauf der europäischen Mächte um Kolonialbesitz in Afrika und Asien
- Sicherung der kolonialen Herrschaft durch militärische, wirtschaftliche und technologische Überlegenheit der Industriestaaten → Ausbeutung, teils Vernichtung der kolonialisierten Völker
- für Deutsches Reich insgesamt **geringe wirtschaftliche Bedeutung** der Kolonien, aber **Prestige-Objekt der politischen Führung**

Österreich-Ungarn

- ab 1867 Donaumonarchie als **Staatenverband** von Österreich und Ungarn unter **Kaiser Franz Joseph I.:** k.u.k.-Monarchie (= kaiserlich und königlich)
- gewaltige Dimensionen des Habsburgerreichs: **Vielvölkerstaat** mit ca. 53 Mio. Einwohnern, über zehn Sprachen, allen europäischen Religionen; Wien und Budapest als Hauptstädte
- expansive Balkanpolitik → Gegnerschaft zu Russland, **außenpolitische Isolation**
- ungelöste Probleme:
  - Gefährdung des Zusammenhalts durch **nationalistische Strömungen:** Wunsch der Minderheiten (u. a. Tschechen, Slowaken, Polen) nach einem eigenen Nationalstaat, Abkehr von der übernationalen Reichsidee → Unruhen und Proteste gegen deutsch-österreichische Dominanz
  - **wirtschaftliche Rückständigkeit:** Vorherrschaft der Landwirtschaft, wenige Industriezentren
  - **schwerfällige Verwaltung** des Riesenreichs; fehlende Reformen
- **Lage der Juden:** starke Bindung an Kaiser, deutsche Kultur, aber Begründung des Zionismus (Wunsch nach jüdischem Nationalstaat in Palästina) als Reaktion auf erstarkenden Antisemitismus
- **wirtschaftliche und kulturelle Blüte Wiens** („Wiener Moderne") um 1900:
  - Entwicklungen in **Wissenschaften** (Medizin, Psychologie, Philosophie, Rechtslehre) und **Künsten** (Literatur, bildende Kunst, Musik, Theater, Architektur)
  - Zirkel und **Gesprächsrunden von Intellektuellen** (oft in Kaffeehäusern)

Auf einen Blick

Dem arbeitslosen Exhäftling Wilhelm Voigt gelang es 1906, mithilfe einer gekauften Hauptmannsuniform Soldaten zu rekrutieren und die Stadtkasse von Köpenick zu beschlagnahmen. Der Vorfall entlarvte Militarismus und blinden Obrigkeitsgehorsam im Kaiserreich.

veränderte Arbeitsbedingungen

- Unterwerfung unter Arbeitsrhythmus und Arbeitstempo der Maschinen
- inhumane, lange Arbeitszeiten
- Lärm, Schmutz, Licht- und Luftmangel
- niedriges Lohnniveau sowie Frauen- und Kinderarbeit
- strenge Arbeitsdisziplin
- geringer Arbeitsschutz

veränderte Lebensbedingungen

- „Landflucht" und Urbanisierung → Entstehung von Elendsquartieren in den Städten
- katastrophale Wohnbedingungen in „Mietskasernen" mit schlechten Hygieneverhältnissen
- Ausbau der städtischen Infrastruktur:
  - Straßennetz
  - Kanalisation und Kläranlagen
  - Wasser-, Gas- und Stromversorgung
- moderne Stadtkultur → Modernisierungskrise
- Massenkultur und Konsumgesellschaft

Zweite Industrielle Revolution

- **zweite Phase der Industrialisierung** (ca. 1870–1914) mit bahnbrechenden Neuerungen auf technischem und naturwissenschaftlichem Gebiet
- **Technisierung und Mechanisierung** der Produktion → Beschleunigung des Übergangs Deutschlands von einer Agrargesellschaft zum **Industriestaat**
- rasant wachsende Industrie mit **neuen Leitsektoren** (chemische Industrie, Elektroindustrie, Maschinenbau, optische Industrie) → Globalisierung des Handels
- **Entstehung** einer marktbedingten Klasse (Max Weber) → Industriearbeiterschaft („**Proletariat**")
- Überproduktion, Börsenspekulationen → **Gründerkrise** (1873), ab 1894 Wiederaufschwung

Soziale Frage

Arbeitsbedingungen

- hohes Arbeitstempo der Maschinen, strenge Arbeitsdisziplin, lange Arbeitszeiten, gesundheitsschädliche Tätigkeiten und Arbeitsumgebung
- **abhängige Lohnarbeit:** Überangebot an Arbeitskräften → **niedrige Löhne**, die oft nicht zur Ernährung der Familie ausreichen → **Frauen- und Kinderarbeit**

Wohnverhältnisse

- Entstehung dicht mit Mietshäusern („**Mietskasernen**") bebauter Stadtviertel in Fabriknähe, um steigende Zahl der Arbeiter unterzubringen → **katastrophale Wohnbedingungen:**
  - Zusammenleben auf engstem Raum mit oft nur einem Zimmer für die ganze Familie und „Schlafgängern" als Untermietern
  - häufig keine Toiletten und nur unzureichende Beheizung → feuchte und schimmelige Räume → **katastrophale hygienische Verhältnisse** → Ausbreitung von Seuchen (Cholera, Typhus)

Reaktionen auf die Soziale Frage

- Lösungsansätze von Unternehmern, Kirchen
- **Arbeiterbewegung** = Oberbegriff für die organisierten Bestrebungen der abhängigen Lohnarbeiter, ihre wirtschaftliche und soziale Lage zu verbessern und politischen Einfluss zu erlangen
  - Gründung von Genossenschaften und Gewerkschaften
  - Sozialdemokratie: Parteigründungen; **Sozialdemokratische Partei Deutschlands (SPD)** als politische Vertretung der Arbeiterschaft
- **staatliche Sozialgesetzgebung**

Lebensbedingungen

- **Verbesserung der medizinischen Versorgung** als eine Folge des industriellen Fortschritts → sinkende Sterblichkeitsrate und steigende Geburtenrate → **Verjüngung der** deutschen **Bevölkerung** → Entstehung einer Jugendbewegung
- **Binnenwanderung** vom Land in städtische Industriezentren (Hauptziele: industrielle Zentren in Mittel- und Südwestdeutschland, Großraum Berlin, Ruhrgebiet) = „**Landflucht**"
- **Urbanisierung:** Anwachsen der Einwohnerzahl und Veränderung des städtischen Zusammenlebens
- **soziale Segregation:** Leben der verschiedenen Bevölkerungsschichten in voneinander abgetrennten Stadtvierteln mit unterschiedlicher Wohnqualität
- Schaffung einer **städtischen Infrastruktur:**
  - Auf- und Ausbau des **Straßennetzes** sowie des öffentlichen Nahverkehrs
  - Entstehung von **Kanalisation und Kläranlagen**
  - flächendeckende Versorgung mit Wasser, Gas und Strom
  - Entstehung von Schulen, Universitäten, Polizeistationen und sozialen Fürsorgeeinrichtungen (Armen- und Krankenhäuser)
  - kulturelle Infrastruktur: Bau von Theatern, Opernhäusern und Bibliotheken
- Entwicklung einer **modernen Stadtkultur** mit Individualisierung, Mobilität, der Erfindung von Freizeit und zunehmender Bedeutung materieller Werte → **Modernisierungskrise** wegen Überforderung der Menschen durch Dynamik, Sittenverfall und Traditionsabkehr der Großstadt
- in Kleinstädten und auf dem Land **teilweise Festhalten an traditionell-konservativen Lebensentwürfen** → Abwehrhaltung gegenüber der Moderne

Nationalismus, Militarismus und Antisemitismus

- Unterordnung des Einzelnen unter die Nation → **Nationalismus als „politische Religion": Untertanenmentalität**
- Aufkommen des **Chauvinismus:** absolute Vorrangstellung der eigenen Nation → Forderung nach rücksichtsloser Durchsetzung nationaler Interessen
- Rechtfertigung einer ausbeuterischen Kolonialpolitik durch **Sozialdarwinismus, Rassismus und Chauvinismus:** Recht des Stärkeren anstelle des traditionellen Völkerrechts
- preußisch-deutscher **Militarismus:** Beeinflussung des Alltags durch soldatische Wertvorstellungen (Disziplin, Befehlston, hierarchisches Denken, Krieg als Mittel der Konfliktlösung), hohes Sozialprestige des Offizierskorps („Staat im Staat")
- Verbreitung eines **politischen Antisemitismus** mit zunehmend **rassistischen Zügen:** Juden als Sündenböcke bei Konjunktureinbrüchen, Entstehung antijüdischer Parteien

Auf einen Blick

„Wer von seinem Tag nicht zwei Drittel für sich selbst hat, ist ein Sklave." – Nietzsches radikaler Logik zufolge würden wir wohl alle zu den von ihm verachteten Sklaven gehören.

Materialistische Philosophie Feuerbachs:
Gott nur Projektion des Menschen

Nihilismus Nietzsches:
Sinnlosigkeit des Lebens, Forderung nach Umwertung aller Werte

Psychoanalyse Freuds:
Mensch im Spannungsfeld von unbewussten Trieben und Gewissen; Bedeutung des Sexualtriebs

Naturwissenschaftliche Theorien:
Infragestellen der göttlichen Schöpfung sowie der Kategorien Raum und Zeit

Feuerbach und die Religionskritik

- Ludwig Feuerbach (1804–1872): Privatgelehrter, der als Vater der Religionskritik gilt
- **anthropogene Philosophie:** Ausgehen vom Menschen und seiner Realität → Leugnen jeder Metaphysik, Orientierung an sinnlich wahrnehmbarer Natur = **Materialismus**
  - menschliches Bedürfnis nach Glückseligkeit → Hoffnung auf gütigen Gott
  - ABER: **Gott als Wunschvorstellung**, bei der der Mensch sein eigenes Wesen idealisiere und dann auf ein erfundenes, äußeres Wesen projiziere
- **Forderung nach Überwindung des Christentums**

Nietzsche und der Nihilismus

- Friedrich Nietzsche (1844–1900): Philologe und Philosoph, der aber kein systematisches Philosophiegebäude entwickelte; große Wirkung auf Denker und Künstler
- radikales **Infragestellen von Kirche, Metaphysik und Moral**
- Anklage des gegenwärtigen Zustands von Europa:
  - **Kritik am Christentum:** durch Vertröstung auf Jenseits und Moral der Schwachen werde Einzelner an Entfaltung seiner Kräfte gehindert
  - **Unterdrückung der menschlichen Triebe** → Krankheit (schlechtes Gewissen als Symptom)
- Forderung nach Überwindung dieses Zustands mithilfe des **Nihilismus**
  - Welt als sinnlose **ewige Wiederkehr des Immergleichen** → es gebe weder Wahrheit noch eine absolute Moral noch Gott („Gott ist tot")
  - Einsicht des freien Geists in diese Grundbedingung → Abwendung von Glauben und Moral → **„Umwertung aller Werte"**: neue, vom Menschen selbst gesetzte Werte, freie **Selbstentfaltung** (Durchsetzung des Stärkeren, Kraft, Lebensfreude)
- Forderung nach dem **„Übermenschen":** Lebensbejahung und „Wille zur Macht" → Hinnahme der Sinnlosigkeit der Welt, aber eigene Sinnstiftung → Überwindung des Nihilismus

Psychoanalyse von Sigmund Freud

- Sigmund Freud (1856–1939): österreichischer Nervenarzt und Begründer der Psychoanalyse
- Darstellung des **psychischen Apparats** = **Strukturmodell** der menschlichen Psyche:
  - **ES:** Ort der **Triebe** (z. B. Sexualtrieb) und **Affekte** → Lustprinzip: Streben nach unmittelbarer Bedürfnisbefriedigung („Ich will!")
  - **ICH:** Ort des bewussten **Wahrnehmens und Denkens** → Realitätsprinzip: Kontrolle sowie Vermittlung zwischen Bedürfnissen des ES und den Ansprüchen des ÜBER-ICH
  - **ÜBER-ICH:** Ort der **sozialen Normen und Werte**, der Moral und des **Gewissens**, geprägt durch Eltern und Gesellschaft → Moralitätsprinzip: Forderung nach Einhaltung moralischer Ansprüche; Gegenkraft zum ES („Du sollst!")
  - → Erkenntnis, „daß das Ich nicht Herr sei in seinem eigenen Haus": Einfluss von ES und ÜBER-ICH auf Denken und Handeln → Frage nach der Willensfreiheit
- ES als Teil des **Unbewussten**, dessen Inhalte dem Bewusstsein nicht direkt zugänglich sind → Annäherung durch **Traumdeutung, freies Assoziieren**
- **psychische Abwehrmechanismen** (wie z. B. Verdrängung): Konflikte zwischen ÜBER-ICH und ES bewältigen → mögliche Quelle psychischer Erkrankungen
- Untersuchung der **Libido:** nach Freud die Energie, die mit dem Sexualtrieb einhergeht

Weitere wissenschaftliche Theorien

- **Philosophie Ernst Machs:**
  - für den Wahrnehmenden zerfallen Realität und Selbst in unzählige Elemente → Wahrnehmung als Strom von Eindrücken und Empfindungen
  - Ich keine fest umgrenzte Instanz → „Das Ich ist unrettbar."
- **Relativitätstheorie Albert Einsteins (1905):**
  - **Raum und Zeit** keine absoluten, sondern **dynamische Größen** in einer gekrümmten, vierdimensionalen Raumzeit → kein absolutes Bezugssystem
  - Revolutionierung der Vorstellung von Welt, Raum, Zeit und Materie
- **Evolutionstheorie von Charles Darwin:**
  - *Die Entstehung der Arten* (1859) → **Mensch nicht mehr als Krone der Schöpfung**, sondern als Ergebnis einer Entwicklung, die auf eine bessere Angepasstheit an die Umwelt abzielt
  - **natürliche Auslese** (*survival of the fittest*) als Grundlage für Weiterentwicklung
- **Soziologie als neue Wissenschaft:**
  - Forschungen Georg Simmels zu **Auswirkungen des Stadterlebens**
  - Stadt als Ort der **Reizüberflutung und Isolation** des Einzelnen → Bedrohung durch Entfremdung und Ich-Dissoziation

Auswirkungen

- **Infragestellen alter Sicherheiten** und vermeintlicher Wahrheiten durch die Wissenschaft
- säkulare Weltdeutungen → **Bedeutungsverlust von Glauben** und Religion
- **Identität und Ich keine festen Kategorien mehr**
- Analyse der bis dahin tabuisierten **Sexualität**
- **Verunsicherung, Orientierungslosigkeit, Krisengefühl**

Auf einen Blick

Menschenbild des Naturalismus

Poetik des Naturalismus

Determinierung des Menschen durch *Erbanlagen*, *Umfeld* und *Zeitumstände*

Kaiser Wilhelm II. polterte, dass wahre Kunst „erheben“ müsse und nicht „in den Rinnstein (= die Gosse) niedersteigen“ dürfe. Er verabscheute die naturalistische Dichtung.

„Kunst = Natur – x“ (Arno Holz)

mathematische Formel: naturwissenschaftliche Methoden bei Darstellung

neue Techniken: Sekundenstil (Prosa); Regieanweisungen (Drama)

Anspruch der Kunst: möglichst unmittelbare, unverfälschte Wiedergabe der Realität

neue Inhalte: Darstellen von Elend, Krankheit, Armut, Alkoholismus

Gesellschaftskritik

Allgemeines

- Zeitraum: ca. **1880 –1900**
- Teil einer **europaweiten Epoche**, Einflüsse aus:
  - Frankreich (Émile Zola)
  - Skandinavien (August Strindberg, Henrik Ibsen)
  - Russland (Fjodor Michailowitsch Dostojewski)
- deutsche Zentren: Berlin und München

Poetik

- Naturalisten empfanden ihre Kunst als **„Revolution der Literatur“:**
  - Forderung nach einer Kunst auf dem **Boden der Wirklichkeit** und als Ausdruck des Zeitgeists
  - bewusster Bruch mit Lesegewohnheiten
- Jugendbewegung mit **sozialkritischer und antibürgerlicher Ausrichtung:** Reaktion auf Verelendung des Proletariats → Ziel: Verbesserung der Verhältnisse
- geistige Grundlagen:
  - **Positivismus** (Auguste Comte): alleinige Orientierung der Wissenschaft an beobachtbaren Tatsachen (Empirie); Verzicht auf metaphysische, religiöse Erklärungen
  - **Milieutheorie** von Hippolyte Taine: Prägung und **Determination des Menschen** durch die Faktoren Erbgut, soziales Milieu und historischer Zeitpunkt → **keine Willensfreiheit**

- Intention:
  - möglichst unverstellte, ungeschönte, **sachgetreue und vollständige Abbildung der Realität** in der Literatur (quasi naturwissenschaftliche Herangehensweise) → **gegen jede Ästhetisierung**
  - Aufzeigen von Kausalitäten und determinierter Existenz des Menschen
- Émile Zola: **Kunst als literarisches Experiment mit naturwissenschaftlichen Methoden** → Schriftsteller soll wie Naturwissenschaftler die empirische Wirklichkeit analysieren und darstellen
- **„Kunstgesetz" von Arno Holz: „Kunst = Natur – x":** Annäherung des Kunstwerks an die Natur, wobei „x", d. h. die vermittelnde Perspektive des Autors, möglichst klein gehalten werden soll → keine Freiheit der Erfindung

Themen und Formen

- **Stoffe und Inhalte der literarischen Werke:**
  - **neue Themen:** Hässliches, Elend und Not, Krankhaftes, triebhafte Sexualität, Alkoholismus, Kriminalität, Armenmilieu, die Großstadt als feindlicher Lebensraum
  - Geschichten von **Proletariern, Außenseitern** und gesellschaftlichen Randexistenzen
  - oft **Familien** im Mittelpunkt, an denen die Macht der sozialen und biologischen Determination demonstriert wird
  - Darstellung immer zugleich auch **Analyse und Kritik der Verhältnisse**
- **formale Mittel:**
  - Ziel: **fotografisch-exakte Wiedergabe aller Details** wie in Zeitlupe
  - **Sekundenstil in erzählenden Texten:** Übereinstimmung von Erzählzeit und erzählter Zeit
  - **Drama:** umfangreiche **Beschreibungen des Bühnenbilds und Regieanweisungen** (Differenzierung von Gestik, Mimik, Sprache)
  - auch in **sprachlicher Hinsicht** genaue Abbildung der Realität und Charakterisierung des Milieus: **Umgangssprache, Dialekt und Soziolekt**, derbe Ausdrücke, Stottern und Satzabbrüche (Stilmittel: Anakoluth)
  - **Lyrik:** eher konventionelle Gestaltung, teilweise Verzicht auf Strophen, Reim und Metrum, **Orientierung am Sprechrhythmus**
- Dominanz des **sozialkritischen Dramas**, daneben kurze epische Texte und Großstadtlyrik
- **Reaktionen der Öffentlichkeit:** erboster Protest von Wilhelm II. gegen „Rinnstein-Kunst" → **Verbote und Zensur** von naturalistischen Büchern und Stücken → Gründung privater Bühnen, um durch geschlossene Aufführungen die Zensur zu umgehen

Autoren und Werke

Max Halbe: *Jugend* (Liebesdrama)
Gerhart Hauptmann: *Die Weber, Vor Sonnenaufgang* (Dramen), *Bahnwärter Thiel* (Novelle)
Arno Holz: *Phantasus* (Gedichtzyklus mit Anordnung der Verse an Mittelachse)
Arno Holz / Johannes Schlaf: *Papa Hamlet* (Erzählung), *Familie Selicke* (Drama)
Hermann Sudermann: *Die Ehre, Heimat* (Dramen)
Clara Viebig: *Kinder der Eifel* (Novellensammlung), *Das Weiberdorf* (Roman)

Auf einen Blick

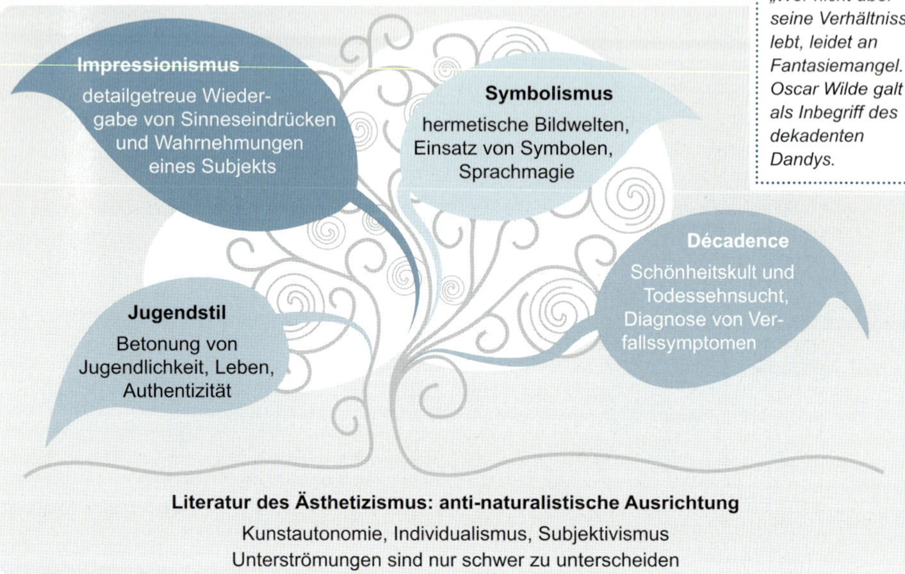

„Wer nicht über seine Verhältnisse lebt, leidet an Fantasiemangel." Oscar Wilde galt als Inbegriff des dekadenten Dandys.

Allgemeines

- **Vielfalt der literarischen Strömungen (Stilpluralismus)** → Problematik bei der Einteilung einzelner Werke → Heterogenität und Nebeneinander vieler Stile = **Zeichen der Moderne**
- **Ästhetizismus** als gängiger, nachträglich geprägter Oberbegriff
  - Zeitraum: ca. **1890 –1910**
  - Zentren: München und Wien („Wiener Moderne" als Sammelbegriff für alle kulturellen Strömungen in Wien um 1900)
  - informeller Zusammenschluss von Schriftstellern in **Gruppen und Zirkeln** (z. B. Gruppe „Jung-Wien" um Hermann Bahr; exklusiver George-Kreis der „Jünger" von Stefan George)

Poetik

- **anti-naturalistische Ausrichtung:** keine politische oder soziale Wirkungsabsicht der Kunst
- **l'art pour l'art** (= Kunst um der Kunst willen): Ideal einer autonomen, zweckfreien Kunst → **Konstruktion ästhetischer Gegenwelten** (= indirekter Protest gegen utilitaristische Ausrichtung der Gesellschaft des Kaiserreichs)
- **aristokratische Auffassung vom Dichtertum** (z. B. Selbstinszenierung von Stefan George als Seher und Prophet)
- Konzentration auf **verfeinerte sprachliche Gestaltung (poésie pure):** das Wort sollte seiner alltäglichen Bedeutung entrissen werden (besonders bedeutsam in Lyrik)
- zentrale Schlagwörter: Wahrnehmung, Reizempfindlichkeit, Nerven, Stimmung, Traum, Impression, Sinne, Gefühle
- starke Ausprägung von **Individualismus und Subjektivismus**

Literarische Strömungen

Achtung: oft **keine trennscharfe Zuordnung** einzelner Werke zu einem der Stile möglich!

- **Décadence:**
  - verwandter Begriff: **fin de siècle** (Ende des Jahrhunderts) → ambivalente Einstellung zwischen Endzeit- und Aufbruchstimmung
  - Einfluss der Dichtung von Charles Baudelaire
  - einerseits **Genusssucht und Schönheitskult**
  - andererseits **Resignation und Lebensüberdruss** bis zur Todesverherrlichung
  - Diagnose der **Dekadenzsymptome der eigenen Zeit**
  - Einfluss der **Philosophie Nietzsches:** Verlust von Vitalität als Zeichen eines schleichenden, aber unaufhaltsamen gesellschaftlichen Verfalls
  - aber „Kranksein" auch als Voraussetzung für eine **erhöhte Sensibilität** → gesteigerte Empfindungstiefe ermöglicht intensivere Gestaltung
- **Symbolismus:**
  - **Verzicht auf Wiedergabe konkreter Inhalte**
  - Verwandlung von Elementen der realen Welt in **Bildzeichen und Symbole**
  - **hermetisch verschlüsselte** Bildwelten; Ideal der absoluten Dichtung
  - Tendenz zur **Flucht in eine idealisierte Gegenwelt** (Eskapismus)
  - **Sprachmagie:** Bedeutung von Klang, Synästhesien, Farbsymbolik → Musikalität der Texte
  - Rückzug in den „Elfenbeinturm" der Dichtung
- **Impressionismus:**
  - Einflüsse der **bildenden Kunst** (Malerei, Bildhauerei)
  - Stilideal der **Detailtreue bei Wiedergabe der Sinneseindrücke**
  - Fokussierung auf **Wahrnehmungen eines Subjekts:** Zergliederung der Wirklichkeit in Wahrnehmungsatome → Rückschlüsse auf beobachtete Wirklichkeit und Stimmung des Betrachters
  - Bedeutung des **Augenblicks**, der in all seinen Nuancen eingefangen werden soll
  - **Verzicht auf Deutung** der Wirklichkeit, Distanzierung von sozialen Problemen
  - häufig Heraufbeschwören einer **heiteren, farbig sinnlichen Atmosphäre**
  - Stimmungskunst (Entsprechung von Innen- und Außenraum des Ich)
- **Jugendstil:**
  - Stilrichtung in bildender Kunst, Architektur, Kunsthandwerk, aber auch Auswirkungen auf Literatur
  - **Feier der Jugendlichkeit**, Betonung von Natur, Authentizität, Leben

Autoren und Werke

Stefan George: Gedichte
Hugo v. Hofmannsthal: *Ein Brief* (auch *Chandos-Brief*), *Jedermann* (Drama), Gedichte
Detlev von Liliencron: Gedichte
Thomas Mann: *Der Tod in Venedig*, *Tonio Kröger* (Novellen), *Buddenbrooks* (Roman)
Rainer Maria Rilke: *Die Aufzeichnungen des Malte Laurids Brigge* (Roman), Gedichte
Arthur Schnitzler: *Liebelei*, *Reigen* (Dramen), *Leutnant Gustl*, *Traumnovelle* (Novellen)
Frank Wedekind: *Frühlings Erwachen*, *Lulu* (Dramen)

Auf einen Blick

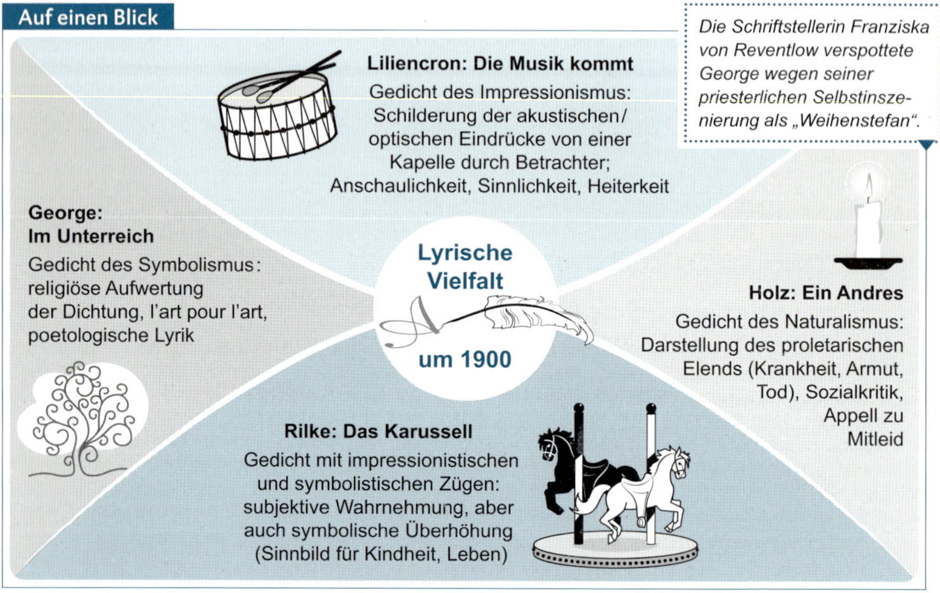

Detlev von Liliencron: Die Musik kommt (1883), S. 82

- **Schilderung einer** durch einen Ort ziehenden militärischen **Musikkapelle**
- Form: 7 Strophen mit je 5 Versen, V. 1–4 jeweils im Paarreim, V. 5 als Waise; kein festes Metrum, aber rhythmische Gestaltung
- lyrisches Ich: tritt nicht explizit in Erscheinung, aber gibt als **Beobachter** seine Eindrücke wieder
- Sprache: **Lautmalerei**, um Musik sprachlich abzubilden („Klingling, bumbum und tschingdada"); Polysyndeton und Binnenreime („Im Schritt und Tritt und Tritt und Schritt") → Darstellung des monotonen Gleichschritts; Ironie: Geräuschkulisse würde eher zum Jüngsten Gericht passen
- bei vier Strophen refrainartiger letzter Vers („Und dann die …") → Verweis auf nicht abreißenden Militärzug, **Abfolge von Eindrücken für die Zuschauer**
- keine Kritik am preußischen Militarismus, aber doch **ironische Seitenhiebe** auf krawalliges, großtuerisches Auftreten der Soldaten; Aufmarsch als **Spektakel und Volksbelustigung**

Merkmale des Impressionismus

- Wahrnehmen von **punktuellen sinnlichen Eindrücken**, die aufeinanderfolgen (Dominanz des Zeilenstils) → mithilfe sprachlicher Mittel werden **optische und akustische Eindrücke einer Erscheinung nachgestaltet**
- Ironie und Auswahl der Details verrät **subjektiven Blick des Betrachters**

Arno Holz: Ein Andres (1886), S. 83

- **Elendsszenerie** in einer großstädtischen Mietskaserne: Tod einer Mutter aus dem Arbeitermilieu
- Form: 4 Strophen mit je 8 kreuzgereimten Versen, 5-hebiger Jambus → regelmäßige Form im Kontrast zu bedrückender Misere
- detaillierte **Beschreibung von Verfall, Armut, Krankheit**
- Mitleid der Nachbarn, die Arzt holen, und des Arztes selbst

- kein lyrischer Sprecher, aber dennoch **Aufruf zu Mitgefühl:** selbst personifizierte Sterne leiden mit („Was sie erspähn, o, es ist grad genug,/ Um mit dem Elend brüderlich zu weinen")
- möglicher Umschlag des Elends in **Aggression** angedeutet: Vater betäubt Wut mit Alkohol

Merkmale des Naturalismus

- Wiedergabe genauer **optischer und akustischer** („Doch horch") **Eindrücke:** Vergegenwärtigung des **proletarischen Elends** und der ausweglosen **determinierten Lage**; **Hässliches** bewusst thematisiert (Krankheit, Sterben, Armut, Alkoholismus)
- **didaktische und sozialkritische Stoßrichtung:** Anteilnahme wecken für die Ärmsten

Stefan George: Im Unterreich (1892), S. 84

- **Beschreibung eines selbstgeschaffenen, anorganischen Gartens** fern der Natur → Entfremdung von der lebendigen Natur, lebensfeindliche Atmosphäre
- Form: 4 Strophen à 4 Verse im Kreuzreimschema
- Bild von der „schwarzen blume": Anspielung auf künstlichen Charakter des Ortes und den Tod, zugleich Symbol für den Ästhetizismus und den **elitären Anspruch von Georges Dichtung**
- Sprache: Kleinschreibung der Substantive, ungewöhnliche Wortwahl, Personifikation des Gartens
- **lyrisches Ich als selbstbewusster Künstler** und Schöpfer der Gegenwelt („mein garten")

Merkmale des Symbolismus

- Garten als **Symbol** für Dichtung: Stilisierung des Gartens zum Heiligtum → **religiöse Aufwertung der Kunst** (von der Außenwelt abgeriegelte, sakrale Kunstwelt)
- **Vorrangstellung der Kunst** (l'art pour l'art), die ihren eigenen Regeln folgt; von der Realität abgewandte Haltung des Dichter-Ich
- **poetologische Lyrik** (Dichtung, die über sich selbst und ihre Bedingungen spricht)

Rainer Maria Rilke: Das Karussell (1906), S. 85

- **Beschreibung eines Karussells** in einem konkreten Pariser Park: Darstellung der Fahrbewegung und der kindlichen Passagiere
- Form: 5 unterschiedlich lange Strophen; 5-hebiger Jambus, Enjambements, Anapher „und" am Versanfang, wiederkehrender Vers „Und dann und wann ein weißer Elefant" → **formale Nachahmung des Sich-Drehens des Fahrgeschäfts**
- lyrisches Ich: gibt sich nicht explizit zu erkennen, ist aber als **Betrachter** anzunehmen, der aus der Entfernung das Treiben verfolgt und dadurch zum Nachdenken angeregt wird
- Kinder in unterschiedlichen Stadien des Heranwachsens, farbige Reittiere als Andeutung auf verschiedene Wesenszüge

Merkmale des Impressionismus

- sich steigerndes Tempo (Aufzählungen, Ellipsen) → nur noch Farbtupfer wahrnehmbar (Parallele zur impressionistischen Malerei) = **Wiedergabe subjektiver Wahrnehmungsfragmente**
- Beeinflussung des **betrachtenden Subjekts** durch betrachtetes Objekt

Merkmale des Symbolismus

- über reine Beschreibung hinausgehende **Reflexionen zum Phänomen Zeit:** zyklische Wiederkehr und Vergänglichkeit (Flüchtigkeit des Augenblicks) → **tiefere Bedeutung** der Schilderung
- **Dinggedicht: Karussell als Symbol** für Kindheit, Erwachsenwerden, Zyklus des menschlichen Lebens („dieses atemlose blinde Spiel")

Auf einen Blick

Die Militärkritik in „Leutnant Gustl" erregte einen Skandal. Als Schnitzler es dann auch noch unterließ, den Verfasser eines beleidigenden Leserbriefs zum Duell zu fordern, erkannte man ihm den Status als Reserveoffizier ab.

Formen des Erzählens

innerer Monolog
1. Person Indikativ Präsens, nur Innensicht einer Figur, ungeordneter Gedankenstrom, Verzicht auf Erzählerkommentar
Bsp.: Leutnant Gustl

naturalistisches Erzählen
Schicksale aus der Unterschicht: determinierte Existenzen, genaue Milieustudien, naturwissenschaftliche Exaktheit
Bsp.: Bahnwärter Thiel

moderne Parabeln
Verzicht auf Erklärung der Bildebene und Lehre, Offenheit und Vieldeutigkeit, Irritation des Lesers
Bsp.: Parabeln Kafkas

Monolognovelle: Leutnant Gustl

- *Leutnant Gustl*: **Novelle von Arthur Schnitzler** (1862–1931), erschienen 1901
- **Ort und Zeit der Handlung:** Wien, im April 1900
- **Inhalt:** Leutnant Gustl fühlt sich nach einem Konzertbesuch von einem Bäckermeister beleidigt → in Gustls Augen eine Verletzung seiner soldatischen Ehre, die er nicht mit einem Duell wiedergutmachen kann, da ein Bäcker nicht als satisfaktionsfähig gilt → existenzielle Krise Gustls, zielloser Spaziergang durchs nächtliche Wien: Angst, dass seine Demütigung allgemein bekannt wird und er den Militärdienst quittieren muss → Verzweiflung, Pläne für Suizid; Gedanken an Mutter und an Geliebte, Erinnerungen an Militärerfahrungen → Einschlafen auf Parkbank → am Morgen erfährt Gustl im Kaffeehaus vom überraschenden Tod des Bäckers → Triumphgefühle und Weiterleben wie zuvor
- **Form: nur innerer Monolog** (1. Person Indikativ Präsens)
  - völliger **Verzicht auf Erzählerkommentar**
  - Leser muss Gedanken des Protagonisten folgen
  - Radikalisierung des naturalistischen Sekundenstils: unmittelbare, **ungeordnete Wiedergabe der Gedanken**, Gefühle und Wahrnehmungen einer Figur im **Echtzeitmodus**
  - ineinander übergehende, flüchtige **Assoziationen** (→ Einfluss von Freuds Theorien und des Impressionismus)
- **Sprache:** dem **mündlichen Sprechen** angenähert, Nachvollzug des **Gedankenstroms** (Sprichwörter, Umgangssprache, Ellipsen, Anaphern, Fragen, Pausensignale, Wiederholungen, Sprünge)
- **Deutung:**
  - **Gesellschaftskritik:** Entlarvung des hohlen militärischen **Ehrbegriffs** und der Untertanenmentalität; Soldatentum als Mittel, um Minderwertigkeitskomplexe zu kompensieren; Doppelmoral: Beleidigung ist erst eine solche, wenn sie öffentlich wahrgenommen wird
  - **Gustl als Sozialcharakter:** oberflächlicher, narzisstischer, von Minderwertigkeitsgefühlen getriebener, selbstmitleidiger Charakter, für den Mitmenschlichkeit wenig bedeutet (antisemitische Vorurteile, chauvinistische Gedanken, Herablassung gegenüber Frauen)
- **Bedeutung: Einführung des inneren Monologs** in deutschsprachige Literatur

Naturalistisches Erzählen

- *Bahnwärter Thiel*: **Novelle von Gerhart Hauptmann** (1862–1946), erschienen 1888
- **Ort und Zeit der Handlung:** Spree-Siedlung zur Entstehungszeit
- **Inhalt:** Heirat des verwitweten Bahnbeamten Thiel mit der Magd Lene, um seinen Sohn Tobias versorgt zu wissen → Misshandlung des Stiefsohns durch Lene, die selbst ein Kind bekommen hat → Flucht Thiels in sein Bahnwärterhäuschen, das er dem Gedenken an seine verstorbene Frau Minna weiht → Eindringen Lenes in Thiels Rückzugsraum, da sie dort Kartoffeln anbauen will → Vernachlässigung der Aufsichtspflicht gegenüber Tobias, der von Schnellzug überfahren wird → Wahnsinn Thiels: Ermordung Lenes und seines zweiten Kinds → Einweisung in Anstalt
- **Form:** erzähltechnische Dreiteilung: 1. auktoriale Darstellung der sozialen und charakterlichen Voraussetzungen Thiels – 2. personaler Erzähler: subjektive Wahrnehmungen Thiels (beginnende geistige Verwirrung) – 3. berichtartig-objektiver Schluss: Morde, Thiels Einweisung
- **Sprache:** Technik gewinnt Eigenleben (Personifikationen, Lautmalerei, Vergleiche mit Tieren: Telegrafendrähte gleichen dem „Gewebe einer Riesenspinne") → Züge als Urgewalt
- **Deutung:**
  - Ambivalenz der neuen **Technologie Eisenbahn:** Arbeitsplatz und zerstörerische Gewalt
  - Thiel zerrissen zwischen zwei Frauen: religiös überhöhte Liebe zu zarter, schwacher Minna vs. (sexuelle) Hörigkeit gegenüber derber Lene
  - **Thiel weniger Handelnder als Getriebener:** Entscheidungsschwäche, durch Fahrplan vorgegebener Lebensrhythmus, Abhängigkeit von Lene → Wahnsinn als Ausbruchsversuch aus **determinierter Existenz** → Selbstzerstörung
- **Epochenzuordnung:**
  - **naturalistische Elemente:** Stoff aus dem Leben eines Kleinbürgers; genaue Milieuschilderung; Themen Hörigkeit, Wahnsinn, Determination; kritische Bestandsaufnahme des Menschen in technisch geprägter Welt; **Gattungsbezeichnung** „novellistische Studie" → naturwissenschaftlich-empirische Herangehensweise an literarischen Stoff
  - aber: **symbolhafte Anlage** (Gegensatz zwischen zwei Frauenfiguren bzw. Wohn- und Arbeitswelt Thiels) verrät **künstlerischen Gestaltungswillen** ≠ naturalistische Poetik
  - auch **romantische Motive** (Natur, religiöse Verklärung Minnas, Thiels Traum) und **expressionistische Einflüsse** (Darstellung der Wahnvorstellungen, Schilderung des Sonnenuntergangs mit plakativer Farbsymbolik)

Parabeln Kafkas

- **klassische Parabel:** bildhafte Erzählung, die anhand eines Einzelfalls eine Wahrheit vermittelt; von einer Bildebene wird auf die Sachebene geschlossen; Parabel stellt selbst Bezug zur gemeinten Bedeutung her → belehrende Absicht, die allgemein verbindliches Weltbild voraussetzt
- **Besonderheiten von Kafkas Parabeln:**
  - **Verzicht auf Sachebene und auf Erklärung** der Bildebene → Leser muss selbst versuchen, Bedeutung zu erschließen → **verschiedene Deutungen** möglich (biografisch, religiös, psychoanalytisch, soziologisch etc.)
  - **keine** klar abzuleitende **Lehre** (keine verbindliche Wahrheit oder Lebensweisheit)
  - subjektiv gebrochene Wirklichkeit → keine allgemein verbindlichen Werte, stattdessen: **Offenheit, Vieldeutigkeit und Orientierungslosigkeit**
  - parabolisches Erzählen als **Ausdrucksweise der Moderne**
- Beispiele für Parabeln Kafkas: *Eine kaiserliche Botschaft*; *Gibs auf!*; *Heimkehr* (= Variation der biblischen Parabel vom verlorenen Sohn); *Vor dem Gesetz* (Teil des Romans *Der Proceß*)

Auf einen Blick

MODERNE

Technisierung, Dynamisierung, Urbanisierung, Bedeutungsverlust der Kirchen, Erforschung der Psyche

Verunsicherung, Werteverlust, Orientierungslosigkeit

Merkmale modernen Erzählens

- unzuverlässiges Erzählen
- keine klaren Botschaften
- Antihelden
- Zweifel an Mitteilungsfunktion von Sprache
- Identitätskrisen
- keine ordnende auktoriale Erzählinstanz
- kein geschlossenes Weltbild
- Hässliches und Elend als Themen

Dass die Kulturschaffenden um 1900 selbst ihre Zeit „Moderne" nannten, brachte die Literaturwissenschaft in Nöte: Wie sollte man folgende Epochen taufen? So entstanden Begriffe wie „Postmoderne" oder „Nach-Postmoderne".

Dokument der Sprachkrise: Brief des Lord Chandos

- *Brief des Lord Chandos:* **fiktiver Brief von Hugo von Hofmannsthal** (1874–1929), entstanden 1902
  - Brief eines Adeligen aus dem 17. Jhd.: Lord Chandos begründet darin seinen **Verzicht auf literarisches Schreiben**
  - Klage über **Verlust seiner Fähigkeit, über anspruchsvolle Themen** wie „Geist" oder „Seele" **zu sprechen** und zu denken → für ihn nicht mehr möglich, eigene Urteile in abstrakte Worte zu fassen
  - **Worte entwickeln ein Eigenleben**, „[zerfallen ihm] im Munde wie modrige Pilze"
  - **Sprachkrise:** Scheitern bei dem Versuch, die Wirklichkeit sprachlich abzubilden und in begriffliche Systeme zu „zwängen"
  - **Widerspruch:** Verlust des Vertrauens in Funktionieren und Aussagekraft der Sprache wird eloquent mit komplexer Syntax und gewählter Metaphorik beschrieben
  - Text eigentlich ein **poetologischer Essay**, in dem Hofmannsthal seine **eigene Problematik** in Bezug auf die Sprache in einer literarischen Kostümierung behandelt
- **exemplarischer Text für Sprachkrise um 1900:** Schwierigkeit, die Gesamtzusammenhänge einer sich zunehmend verändernden Welt sprachlich zu erfassen
- zugleich Zeugnis einer **Bewusstseinskrise:** mit der Sprache zerfallen für Chandos auch sein eigenes Ich und die Welt in Bruchstücke
- Hofmannsthals Wunsch, Dinge anders und neu zu sehen und so **zu einer anderen Sprache zu finden** → Forderung nach einer Hinwendung zu Alltäglichem = **Distanzierung Hofmannsthals von Décadence und Ästhetizismus** (Kunst darf nicht nur um sich selbst kreisen)
- weiteres Beispiel: **Rainer Maria Rilkes Gedicht** *Ich fürchte mich so vor der Menschen Wort* (1897): Kritik an einer oberflächlichen/endgültigen Benennung der Dinge, die deren tiefere Bedeutung nicht beachtet → Forderung, die Dinge mithilfe der Poesie „singen" zu lassen

Novelle der Décadence: Der Tod in Venedig

- *Der Tod in Venedig*: **Novelle von Thomas Mann** (1875–1955), erschienen 1912
- **Ort und Zeit der Handlung:** München und Venedig um 1910
- **Inhalt:** Reise des alternden berühmten Schriftstellers Gustav von Aschenbach nach Venedig → schwärmerische Gefühle für den adeligen polnischen Knaben Tadzio, den er aus der Ferne anhimmelt → Ausbruch der Cholera in Venedig, aber scheiternde Versuche Aschenbachs abzureisen: ignoriert in seiner Fixierung auf Tadzio alle Warnungen → gibt seine Selbstdisziplin auf, verliert seine Würde (lässt sich schminken), nimmt eigenen Tod in Kauf → Tod am Strand beim Beobachten Tadzios, der ihm als Führer ins Jenseits erscheint
- **Form:** v. a. auktoriales Erzählverhalten (viele Erzählerkommentare) mit personalen Passagen (Einblick in Aschenbachs Gedanken)
- **Sprache:** gehobener Stil mit verschachtelter Syntax, gewählter Wortwahl (Fremdwörter, Substantivierungen), Anspielungen auf Mythologie, Ironie, die Distanz zum Geschehen herstellt, Leitmotiven (verschiedene Figuren als Todesboten, Anspielungen auf Gott Hermes, Todesmotive)
- **Deutung zentraler Elemente der Décadence-Dichtung:**
  - morbide Lagunenstadt als Inbegriff von **Vergänglichkeit** einstiger Schönheit und Größe
  - Thema **Krankheit:** Tadzio zugleich schön und kränklich; Grassieren der Cholera
  - Aschenbachs Verfallenheit an Schönheit, Sieg der **Todesfaszination**
  - Parallelisierung von Aschenbachs Zerrissenheit mit antikem Mythos: **Widerstreit des apollinischen und dionysischen Prinzips** (Maßhalten, Ordnung, Form ↔ Rausch, Chaos, Sexualität) → zuletzt Sieg des Dionysischen: Selbstaufgabe Aschenbachs
  - Scheitern eines Lebensmodells, das bürgerliche Existenz und Künstlertum vereinen sollte (**Gegensatz von Bürgerlichkeit und Künstlertum** als zentrales Thema bei Thomas Mann)
- **Einflüsse der Psychoanalyse:**
  - **Unterbewusstes und Verdrängtes** (Aschenbachs homoerotische Neigungen) brechen sich Bahn und zerstören die bürgerliche Existenz
  - **Traum** Aschenbachs als Spiegelung seiner inneren Zerrissenheit

Zusammenschau: Merkmale modernen Erzählens

- **unzuverlässiges Erzählen:**
  - Leser stellt **Wahrheitsgehalt des Erzählten** und Zuverlässigkeit des Erzählers **infrage**
  - Hinweise: **Widersprüche** bzw. **unerwartete Wendungen** der Handlung
  - Gründe: psychische Störung oder Unwissenheit des Erzählers oder Absicht, Leser zu täuschen
  - Beispiel: Franz Kafkas Erzählung *Das Urteil*: Konflikt zwischen Vater und Sohn; immer wieder Leugnen von zuvor berichteten Fakten → zuletzt völlige Unklarheit, wer von beiden lügt
- **kein geschlossenes Weltbild** mit allgemein verbindlichen Werten
- häufig **keine auktoriale Erzählinstanz** → Verzicht auf Anleitung des Lesers und auf Erklärungen; stattdessen vermehrt personales Erzählen: Leser angewiesen auf Wahrnehmungen und Wissen der jeweiligen Figur
- Abkehr vom Idealismus der Klassik: bewusste **Thematisierung des Hässlichen und psychischer Abgründe** sowie von **Identitätskrisen**
- oft **Antihelden** (Außenseiter, Kranke, Arme, Wahnsinnige) anstelle rein positiver Heldenfiguren
- **Zweifel an Aussagekraft und Mitteilungsfunktion der Sprache**
- teils gesellschaftskritische Intention, teils Verzicht auf klare Botschaft (Parabeln Kafkas)
- Literatur als **Spiegel einer verunsicherten Zeit** ohne verlässliche Orientierung → Mehr- und Vieldeutigkeit, Offenheit

Auf einen Blick

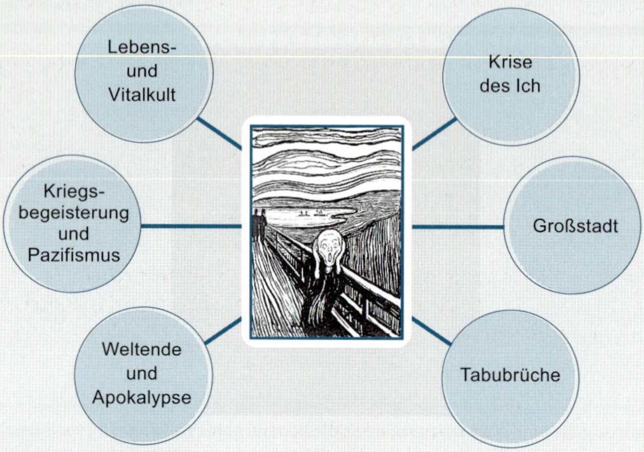

1910 erregte das Erscheinen des Halleyschen Kometen am Himmel die Gemüter. Viele Menschen waren überzeugt, dass dieser den Weltuntergang ankündigte, was sich die Werbeindustrie zunutze machte. Kometenansichtskarten, Kometenseife oder sogar Kometenwurst entwickelten sich zu Verkaufsschlagern.

Allgemeines

- Zeitraum: 1910–1925; Zentren: Berlin, München
- literarische Strömung, ausgehend von der (internationalen) expressionistischen Malerei

Lebens-und Vitalkult

- zentrale Anliegen der Expressionisten: Umbruch, **Aufbruch**, neues Erleben
- Rationalitätskritik: **Betonung alles Nicht-Rationalen, Affektvollen und Pathetischen**
- **Untergangsvisionen** und Aufbruchshoffnungen
- Sehnsucht nach dem „wahren und eigentlichen Leben“ → Ziel der **„Verwesentlichung“** des Menschen: Sinngebung durch verbrüdernde Liebe, allgemeine Geltung der Menschenwürde und unverstellten Ausdruck des Erlebens
- „Leben“ als Schlüsselbegriff **gegen verkrustete und starre bürgerliche Gesellschaft** des Wilhelminismus → **Lebenskult** und rauschhafte Begeisterung → **Generationenkonflikte**
- pathetische **Artikulation messianischer Hoffnungen** auf neuen, paradiesischen Zustand und einen **„neuen Menschen“** → Erneuerungsvisionen als Art „Heilslehre“ und **Antwort auf Bedrohungen der modernen Massengesellschaft** und den **Ich-Zerfall**
- eigentlich negativ besetzte Emotionen wie Wut oder Hass als Ausdruck vitalistischer Energien

Kriegsbegeisterung und Pazifismus

- Empfindung von **Langeweile und spießbürgerlicher Erstarrung** → Sehnsucht nach gewaltvoller Veränderung → bei einigen Dichtern **Begeisterung für Krieg** als kulturrevolutionäres Ereignis, Aufbruch und Neuanfang
- Mischung von **Grauen und Faszination** angesichts der Kriegswirklichkeit
- Umschlagen der Kriegsbegeisterung in **Enttäuschung und Ernüchterung** → **Pazifismus** und emphatische Beschwörung einer **Erneuerung des Menschen**
- Darstellung von Schrecken und Sinnlosigkeit des Kriegs

Weltende und Apokalypse

- **Entgötterung der Welt** nach Zitat von Nietzsche „Gott ist tot.“: Verlust metaphysischer Sinnhorizonte und **Umwertung aller Werte** (Schlagwort nach Nietzsche)
- Beschreibung von Verzweiflung, Krise, apokalyptischen Ängsten und nihilistischen Vorstellungen

Krise des Ich

- Eigendynamik der Objektwelt, der sich modernes Subjekt hilflos ausgeliefert fühlt → **Ohnmacht des Individuums und Ich-Dissoziation**
- Darstellung einer **inneren Zerrissenheit** → Spannung zwischen Verfall und Triumph sowie Tod und Auferstehung
- **Sprach-, Ich- und Sinnkrise** → Ideal der Erneuerung und Wandlung des Menschen
- **Hilflosigkeit und Orientierungslosigkeit** des modernen Ich angesichts von zivilisatorischem Fortschritt, Verstädterung und Technisierung

Großstadt

- Großstadt und Technisierung als Motivation für expressionistische Kulturkritik und **Darstellung verstörender Krisenerfahrungen des Einzelnen**
- moderne Verstädterung mit Menschenmassen und zunehmender Technisierung als Auslöser für **Hilflosigkeit und Orientierungslosigkeit** → Technikkritik
- Personifizierung der zerstörerischen Kräfte moderner Zivilisation → **Zivilisationskritik**
- Darstellung von Vereinzelung, Reizüberflutung, Krankheit, Armut und Tod in der Großstadt
- **veränderte Wahrnehmungsbedingungen** in den schnell gewachsenen Großstädten → Entfremdungs- und Angsterfahrungen, aber auch Faszination für großstädtische Phänomene: Großstadt als **Ort gesteigerten Lebens und des Sinnenrauschs**
- Nervenüberreizung durch **Überfülle an Wahrnehmungen und Sinneseindrücken** in der Großstadt und durch neue Massenmedien Zeitung und Film → **Simultangedichte** als Darstellungsmedium
- Beschreibung eines Gefühls von **Enge und Bedrängnis** durch überfüllte Städte und bedrohlichen Verkehr
- **Verdrängung der Natur** durch Zivilisation

Tabubrüche

- Verknüpfung von Emotionen negativer Art mit sexueller Lust sowie Sexualisierung kriegerischer Gewalt
- **Ästhetik des Hässlichen:** poetische Darstellung von als hässlich und abstoßend empfundenen Themen wie Krankheit, Verwesung und Verfall (sog. **Wasserleichenpoesie**, in der insbesondere der Zerfallsprozess von jungen ertrunkenen Frauen dargestellt wird)
- Kontrastierung von Schönheit und Jugend mit Nichtigkeit und Zerstörung
- **Behandlung von Tabuthemen:** Aufwertung von Außenseitern der Gesellschaft wie von Geisteskranken, Verbrechern, Bettlern, Prostituierten und anderen gesellschaftlichen Randexistenzen, um zu schockieren und zu provozieren
- Darstellung von Angst, Unsicherheit, Entfremdung, Wahnsinn, Verzweiflung und Suizid
- Thematisierung von **Sexualität und Prostitution**, um Scheinmoral der Gesellschaft zu entlarven

Auf einen Blick

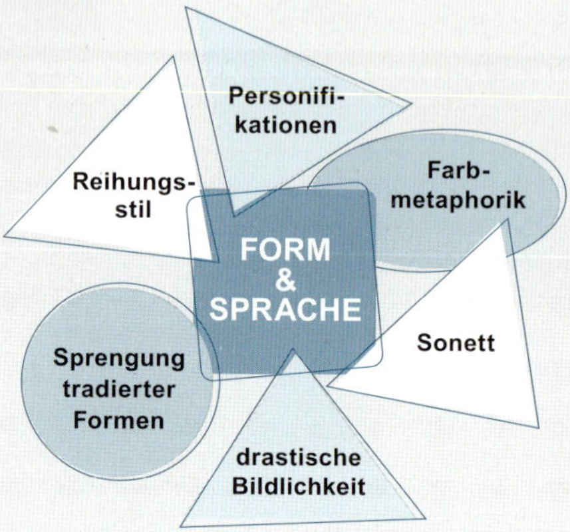

Die Expressionisten liebten es, zu überraschen und Lesererwartungen zu unterlaufen. So gibt es zahlreiche Gedichte, deren Titel eine Idylle vermuten lassen („Sonnenuntergang", „Kleine Aster", Sommerfrische"), den Leser beim Weiterlesen aber mit erschreckenden Zuständen und derben Formulierungen schockieren.

Form

- Vorliebe für traditionelle Strophen-, Vers- und Reimformen → häufig **Diskrepanz zwischen Form und Inhalt**, z. B. Darstellung revolutionärer Inhalte in traditioneller **Form des Sonetts**
  - Sonett als letzter **Halt und Orientierungspunkt** in einer Zeit, die sich durch Orientierungslosigkeit auszeichnet
  - äußere Form als **Fassade**, hinter der es bröckelt → **Schein**, der sich als trügerisch erweist
  - **Aufsprengung** der äußeren Form **durch den Inhalt** → traditionelle Form unter gegenwärtigen Lebensumständen nicht mehr haltbar
- **Sprengung tradierter Formen:** Verzicht auf Metrum und Reim, stattdessen freie Rhythmen
- Entpoetisierung des Reims, z. B. *Skelett/Menuett* (Boldt)

Wortwahl und Sprache

- **sprachliche Intensität**, z. B. durch Verknappung von Satz-/Wortgefügen und elliptische Konstruktionen
- neue Sprachbilder und **Wortneubildungen**, z. B. *Riesensteinmeer* (Heym), *Mondregenbogen* (Ehrenstein)
- „Leben" als Schlüsselbegriff, der gegen wilhelminische Erstarrung gerichtet ist
- **Auflösung syntaktischer und grammatikalischer Regeln**, z. B. *Aus allen Winkeln gellen Fürchte Wollen / Kreisch / Peitscht* (Stramm)
- Radikalisierung der Sprache; Übertreibungen
- **drastische Bildlichkeit** und ungewöhnliche Metaphern, z. B. *Ein Mann zertrümmert eine morsche Frau.* (Lichtenstein)
- **Kontrastierungen**, z. B. *Am Abend, wenn die Glocken Frieden läuten, […] Da macht ein Hauch mich von Verfall erzittern.* (Trakl)
- literarische **Anspielungen und Verwendung lateinischer und französischer Vokabeln**, z. B. *Autumnus* (Heym), *Morgue* (Benn)
- Rhetorisierung und Pathetisierung der Aussage (**„O-Mensch-Gedichte"**), z. B. *Mensch Mensch mein Bruder wer bist du!?* (Becher)

Stil

- visuelle Eindringlichkeit → einprägsame **Farbmetaphorik:** Schwarz = drohendes Unheil, z. B. *schwarze Flammen* (Heym); Rot = Blut, z. B. *rotes Bangen* (Heym); Blau = Sehnsucht, Optimismus, z. B. *blaues Lachen* (Trakl); aber auch Beliebigkeit der Farbmetaphern
- Expressionismus als **Gegenbewegung** zum Naturalismus, zum Symbolismus und zum Impressionismus
- **Personifikationen für zerstörerische Kräfte der modernen Zivilisation** und für großstädtische Welt, z. B. *Der Gott der Stadt* (Heym) → Dynamisierung der Objektwelt, der modernes Subjekt hilflos ausgeliefert ist, z. B. *Sind alle Menschen im Land auf der Flucht / Vor unserer steinernen Welle.* (Wegner)
- **Großstadtlyrik:** personalisierende Metaphern für Gegenstände (*Hohläugig glotzen die Häuser herüber*, Wegner) und Verdinglichung des Subjekts (*Schon rosten meine Knochen, leere Schienen*, Drey)
- **Reihungsstil in Simultangedichten:** Aneinanderreihung scheinbar zusammenhangloser Hauptsätze, heterogener Bilder und disparater Eindrücke
  - Widerspiegelung der **Vielzahl von Eindrücken** in der Großstadt
  - Illustration der **Orientierungslosigkeit** des modernen Subjekts
  - **Versinnbildlichung des Tempos**, der Unruhe und der Diskontinuität in der Großstadt
- **Tendenz zur Parataxe:** Zeilenstil, Isolation des Einzelworts, Bilderkumulation, „harte Fügung" (Einschnitte innerhalb eines Verses zur besonderen Hervorhebung von Wörtern oder Silben)
- Vergleiche von Mensch und Tier bzw. Ausstattung von Tieren mit menschlichen Persönlichkeiten
- **Film als Maßstab einer neuen Ästhetik**, um Tempo des Lebens abzubilden
- häufige Verwendung des Stilmittels der **Synästhesie**, z. B. *Augen greifen weich in die tiefe Welt* (Lichtenstein)

Häufige Stilmittel mit Beispielen

- **Akkumulation:** Aneinanderreihung von miteinander in Beziehung stehenden Begriffen, z. B. *Entfaltungen, das Blut, die Müdigkeiten,/die Georginennähe macht uns wirr* (Benn)
- **Alliteration:** aufeinanderfolgende Wörter mit dem gleichen Anfangslaut, z. B. *Die grelle, gelbe Nacht* (Hoddis)
- **Anapher:** Beginn aufeinanderfolgender Verse oder Wortgruppen mit dem gleichen Wort/der gleichen Wortgruppe, z. B. *gehe Wege,/gehe sie zurück,/keiner bringt mir/mich zurück* (Ehrenstein)
- **Ausruf**, z. B. *O, wie mich leise eine süße Weise betönt* (Lasker-Schüler)
- **Ellipse:** Auslassung eines Satzteils, z. B. *Bis in den Mund gebräunt vom Meer. Reif gesenkt, zu griechischem Glück.* (Benn)
- **Hyperbel:** Übertreibung, z. B. *Eine ewige, eine unendliche Stadt!* (Wegner)
- **Imperativ:** Befehl oder Aufforderung, z. B. *O komm! O komm, Geliebte!* (Blass)
- **Inversion:** Veränderung der herkömmlichen Wortreihenfolge, z. B. *Zu meinen Füßen wurmige Menschen schwelen* (Drey)
- **Metapher:** bildlicher Vergleich, z. B. *Zersägend das Gehör* (Lotz)
- **Personifikation:** Vermenschlichung von Nichtmenschlichem, z. B. *Die nackten Stühle horchen* (Lichtenstein)
- **Synekdoche:** Ein Teil steht für das Ganze (Pars pro toto) oder das Ganze steht für einen Teil (Totum pro parte), z. B. *Zwei Augen brüllen auf* (Benn)
- **Wiederholung**, z. B. *Gebt Raum Gebt Raum/Unserm Schritt!* (Wegner)

Auf einen Blick

EXPRESSIONISTEN
- häufig problematische Familienverhältnisse
- Intention: Aufbegehren, Erzielen einer Schockwirkung

Gottfried Benn
- angespanntes Verhältnis zu seinem Vater
- praktizierender Arzt, u. a. in Psychiatrie und Pathologie

Jakob van Hoddis
- Probleme mit Autoritäten ➤ Förderung einer progressiven Kultur
- Gedicht „Weltende" als Beginn der expressionistischen Lyrik

Georg Heym
- Konflikte mit bürgerlich-konservativem Elternhaus
- Mitglied des „Neuen Clubs", um aufzubegehren

Georg Trakl
- schwierige familiäre Verhältnisse
- Depressionen und Drogenexzesse

Eine der exzentrischsten Persönlichkeiten des Expressionismus war die Dichterin Else Lasker-Schüler, die mit Ringen und extravaganten Gewändern auffiel. Mit dem siebzehn Jahre jüngeren Gottfried Benn, dem sie den Spitznamen „Giselher" gab, verband sie eine intensive Freundschaft, viele vermuten dahinter eine Liebesbeziehung. Benn bezeichnete seine Freundin nach ihrem Tod als „Deutschlands größte Dichterin".

Gottfried Benn

- * 2. Mai 1886 in Mansfeld/Brandenburg; † 7. Juli 1956 in Berlin an Knochenkrebs
- **Sohn eines strengen, protestantischen Pfarrers**, der ihm verbot, seine an Krebs erkrankte Mutter zu behandeln, da ihre Schmerzen gottgewollt seien → wichtiges Thema in seinem Werk: **Generationenkonflikt**
- Studium der Theologie (Wunsch des Vaters), Philologie und Medizin an militärärztlicher Akademie → praktizierender **Arzt**, u. a. in **Psychiatrie und Pathologie** → Entwicklung seines präzisen Beschreibungsstils → Eindrücke fanden **starken Niederschlag in Gedichten**
- 1912: erster **Gedichtband *Morgue und andere Gedichte*** → Skandal und früher Ruhm als Expressionist, später Gedichte mit sanfterem und traditionellerem Ton
- Erster Weltkrieg: **Militärarzt**, u. a. in Krankenhaus für Prostituierte
- **ambivalentes Verhältnis zum Nationalsozialismus:** zuerst **Loyalitätsbekundung**, später kritisch-distanziertes Verhältnis → Militärarzt bei der Wehrmacht, aber Ausschluss aus Reichsschrifttumskammer und **Schreibverbot**
- rasanter Aufstieg in frühen Jahren der Bundesrepublik und Gewinner renommierter Literaturpreise; weiterhin praktizierender Arzt
- **Auswahl bekannter Gedichte** (1912): *Nachtcafé, Schöne Jugend, Kleine Aster*

Georg Heym

- * 30. Oktober 1887 in Hirschberg/Niederschlesien; † 16. Januar 1912 in Berlin beim Schlittschuhlaufen auf der Havel, als er einen ins Eis eingebrochenen Freund retten wollte
- **problematisches Verhältnis zum bürgerlich-konservativen Elternhaus**
- ab 1907: **Jurastudium** in Würzburg, Berlin und Jena, zu dem er sich vom Vater genötigt sah → Scheitern bei Ableistung des Vorbereitungsdienstes → Bemühen um Beitritt zum Militär
- 1909/10: Beitritt zum „**Neuen Club**" (Vereinigung junger, aufbegehrender Künstler) → Fülle meist **negativer Metaphern** und Visionen einer von **Katastrophen** heimgesuchten Welt → Heym als „Prophet" des Ersten Weltkriegs
- **Auswahl bekannter Gedichte** (1911): *Der Gott der Stadt, Der Krieg, Die Stadt*

Georg Trakl

- * 3. Februar 1887 in Salzburg; † 4. November 1914 in Krakau (wahrscheinlich durch Selbstmord)
- Herkunft aus gehobenem Bürgertum: **schwierige familiäre Verhältnisse**, v. a. zu drogenabhängiger Mutter → bereits als Kind erste Selbstmordversuche
- sehr enge, eventuell sogar **inzestuöse Beziehung zur jüngeren Schwester Margarethe** → zahlreiche Bezugnahmen auf sie in seinen Gedichten
- 1904: erste literarische Versuche im Salzburger Dichterzirkel „Apollo" (später „Minerva")
- 1905: Beendigung der Schullaufbahn ohne Matura; erste **Experimente mit Drogen** → Ausbildung zum **Apotheker** und anschließend **Pharmaziestudium** → leichte Erreichbarkeit von Rauschmitteln
- 1910: Militärdienst bei Sanitätsabteilung → Verstärkung von **Depressionen und Drogenexzessen**, aber auch dichterischer Durchbruch mit reifer, schwermütiger Lyrik
- zunehmende **Angstzustände** und Depressionen → zeitweise panische Angst vor fremden Menschen, schwankend zwischen Euphorie und Betäubung
- **Kennzeichen seiner Lyrik:** Herbststimmung, Farbsymbolik, Traum, Vergänglichkeit und Tod, teilweise chiffrenhafte Verschlüsselung
- 1914: freiwillige Meldung als **Militärapotheker** und Miterleben der Schlacht bei Gródek → **Nervenzusammenbruch** und **Selbstmordversuche** → Tod durch **Überdosis Kokain**
- **Auswahl bekannter Gedichte:** *Verfall* (1909), *Im Winter* (1910), *Grodek* (1914)

Jakob van Hoddis

- * 16. Mai 1887 in Berlin; 30. April 1942 Deportation, † Todesdatum und -ort unbekannt
- jüdischer Abstammung; Zwillingsbruder bei Geburt gestorben; **schwieriges Verhältnis zum kokainabhängigen Vater**; sehr enge, romantisierte Beziehung zur Mutter
- 1905: Verlassen des Gymnasiums wegen **Problemen mit Autoritäten** → nachgeholtes Abitur
- 1906/07: **Architekturstudium**, nach Abbruch Studium der **Klassischen Philologie** in Jena und Berlin (1911: Zwangsexmatrikulation wegen Faulheit)
- 1909: Gründung des literarischen Zirkels „**Neuer Club**" in Berlin als Kritik am herkömmlichen Kulturbetrieb und zur **Förderung einer neuen, progressiven Kultur** → Organisation von literarischen Abenden
- 1911: Veröffentlichung des besonders bekannten Gedichts ***Weltende*** (gilt vielen als **Beginn der expressionistischen Lyrik**) → Veröffentlichung vieler weiterer Gedichte in expressionistischen Zeitschriften *Die Aktion* und *Der Sturm*
- 1912: Umzug nach München und Hinwendung zum Katholizismus; erste Hinweise auf beginnende **Schizophrenie** → ab 1912 immer wieder **Internierungen in Nervenheilanstalten**
- ab 1915 in ständiger ärztlicher Behandlung und privater Pflege → 1926: **Entmündigung** und ein Jahr später Einweisung in Privatklinik für Gemüts- und Nervenkranke
- 1933: Verlegung in „Israelitische Heil- und Pflegeanstalten" bei Koblenz, wo jüdische Psychiatriepatienten konzentriert wurden → April 1942: **Deportation nach Polen** und kurz darauf **Ermordung** (wahrscheinlich in einem der Vernichtungslager Sobibor, Chełmno oder Belzec)
- **Auswahl bekannter Gedichte:** *Weltende* (1911), *Nachtgesang* (1911), *Mittag* (1913)

Auf einen Blick

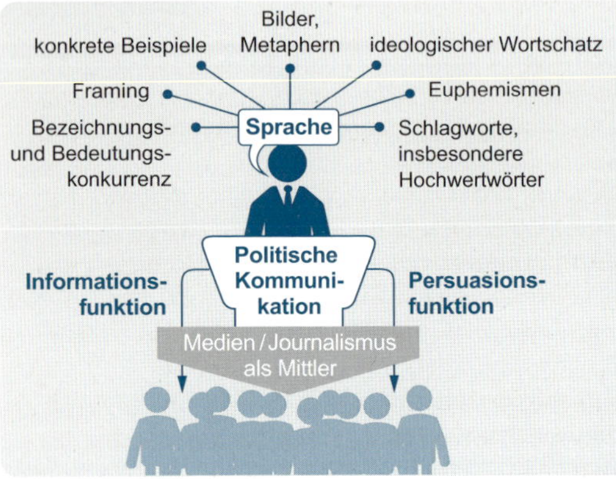

Als „Lehrsatz der Demokratie" formulierte der Politiker Norbert Lammert: „Die Politik hat dem Volk aufs Maul zu schauen, nicht aber nach dem Mund zu reden." Dem Populismus wird häufig vorgeworfen, dem zweiten Teil des Satzes nicht zu folgen.

Beispiel: Populismus

- Abgrenzung gegenüber „Eliten" und Berufung auf den „Willen des Volkes" – Selbstinszenierung als volksnah
- Nährboden für Populismus: Unzufriedenheit und Verunsicherung
- sprachliche Mittel des Populismus: negatives Framing; drastische, auf Gefühle abzielende Rhetorik; polarisierend-plakative Sprache

Politische Kommunikation zwischen Informieren und Beeinflussen

- politische Kommunikation: öffentliche Kommunikation mit politischen Inhalten → insbesondere Kommunikation von **Politikerinnen und Politikern** gegenüber den **Bürgerinnen und Bürgern**, aber auch die Kommunikation anderer **politisch relevanter Akteure**, u. a. Vertreter von Interessenverbänden, Non-Profit-Organisationen, Bürgerinitiativen
- Kommunikation und Sprache im öffentlichen Raum als essenzielle Bestandteile von Politik
- Sprache mit **Doppelfunktion:** als Mittel, mit dem politische Akteure über Positionen, Vorhaben, Maßnahmen etc. **informieren** (Informationsfunktion), und als Mittel, mit dem **Einfluss genommen** bzw. **Zustimmung erstrebt** wird (Persuasionsfunktion, von lat. *persuadere:* überreden)
  → z. B.: „Die von uns geplante Erhöhung des Kindergeldes führt zu mehr sozialer Gerechtigkeit." (Information: Vorhaben Kindergelderhöhung; Persuasion: Werben um Zustimmung, u. a. mithilfe des Schlagworts „soziale Gerechtigkeit")
- Politik per se als gesellschaftliches Feld, in dem um **politische Macht** (z. B. Regierungsmacht, aber auch Macht innerhalb einer Partei) gerungen wird → Sprache als Mittel, Macht zu erlangen
- Zwiespalt politischer Akteure: Erwartung ehrlicher Kommunikation vs. Notwendigkeit strategischer Kommunikation
- politische Kommunikation oft als **Kampf um Deutungshoheit**, u. a. mithilfe von Framing (z. B.: Zuwanderung als Problem oder als Chance?)
- große Bedeutung der klassischen **Massenmedien** als **Vermittlungsinstanz** zwischen Politik und Bevölkerung; ABER: zunehmend direkte Kommunikation zwischen politischen Akteuren und der Bevölkerung über **soziale Medien** → Kampf um Aufmerksamkeit in diesen Medien besonders stark
- oft **zwei oder mehr Adressaten(kreise)** politischer Aussagen (z. B. Talkshow: andere Gäste <u>und</u> Zuschauer*innen als Adressaten): oft Simulation sachlich-informativen Austauschs, aber eigentlich Ziel der Persuasion
- PR-Agenturen in beratender und gestaltender Funktion, insb. im Wahlkampf und bei Kampagnen
- politische Akteure meist rhetorisch geschult (auch in der Gestik) → Ausrichtung auf Wirkung

Sprachliche Merkmale politischer Kommunikation

- semantische Kämpfe: **Bezeichnungskonkurrenz** (Welcher Begriff bezeichnet einen bestimmten Sachverhalt [z. B. „Krieg“ vs. „Intervention“]?) und **Bedeutungskonkurrenz** (Welche Bedeutung hat ein bestimmter Begriff [z. B. „Freiheit“ im liberalen vs. sozialdemokratischen Sinn]?)
- **ideologischer Wortschatz:** Wortschatz, der der ideologischen Ausrichtung der Sprechenden entspricht
- Rolle von **Schlagworten:** u. a. Hochwertwörter, mit denen bestimmte positive Emotionen verbunden werden (z. B. „Freiheit“), ↔ Wörter („Stigmawörter“), mit denen bestimmte negative Emotionen verbunden werden (z. B. „Terror“)
- **einprägsame Bilder/Metaphern:** meist zur **Veranschaulichung** politischer Zusammenhänge oder Maßnahmen
- **Euphemismen:** oft als Beschönigung unliebsamer Maßnahmen/Zusammenhänge
- **Framing** (von engl. *frame*: Rahmen): Setzung eines bestimmten **Deutungsrahmens** (durch gewisse Wörter und Metaphern, aber auch durch Auswahl bestimmter Aspekte der Realität), der i. d. R. eine **bestimmte Perspektive, Haltung, Wertung** etc. vermittelt bzw. beim Empfänger hervorrufen soll (→ oft zu manipulativen Zwecken) – **Beispiele:**
  - Begriff „Machthaber“ statt „Präsident“ → eher Vermittlung einer negativen Sicht auf die Person
  - Formulierung „Klimawandel“ statt „Klimakrise“ → Konnotation, Klima ändere sich von selbst
  - Nennung der Nationalität bei Darstellung von Verbrechen, die von Ausländern oder Ausländerinnen begangen worden sind → Deutungsrahmen, dass die Herkunft eine Rolle spiele
  - offen oder implizit wertende Namen für Gesetze (z. B.: „Gute-KiTa-Gesetz“), auch mit euphemistischen Anteilen (z. B.: „Geordnete-Rückkehr-Gesetz“)
- **konkrete Beispiele**, um Bürgernähe zu zeigen (z. B.: „Mein Bäcker um die Ecke …“)
- häufiger Vorwurf an politische Akteure: fehlende Eindeutigkeit, Phrasenhaftigkeit („Wir wollen das Land voranbringen.“), ausweichende Antworten („Darüber werden wir sprechen müssen …“)
- stärkere Ausrichtung der Kommunikation auf jeweiliges Publikum der verschiedenen Kanäle: z. B. Versuch mancher Politiker*innen, auf Instagram mithilfe jugendlicherer Ansprache jüngere Menschen für sich zu gewinnen
- in der Presse/im Internet: Überschriften in **Frageform**, die den Eindruck erwecken, es sei etwas Wichtiges aufgedeckt worden (z. B.: „Coronaimpfung doch schädlicher?“)

Beispiel: Populistische Kommunikation und Sprache

- **Populismus** (von lat. *populus*: Volk): Politik, die sich durch die **Abgrenzung von „Eliten“** volksnah gibt, sich auf den „Willen des Volkes“ beruft und mit vereinfachenden, oft dramatisierenden Aussagen **Stimmungen** in der Bevölkerung erzeugen will, um diese für sich auszunutzen
- Populismus ohne festen Platz im politischen Spektrum, findet sich aber eher an den Rändern
- Nährboden für Populismus: **Unzufriedenheit** in (Teilen) der Bevölkerung; Gefühl, „von denen da oben“ **nicht gehört** zu werden; **Verunsicherung** durch schnelle Veränderungen; **Skandale**
- häufige **Mittel** des Populismus:
  - Anbieten scheinbar **einfacher Lösungen** für komplexe Probleme; Schwarz-Weiß-Denken
  - Fokus auf „Führungspersonen“ und auf <u>ein</u> emotionalisierbares Thema (z. B. Migration)
  - Nutzung der immer gleichen Frames (z. B. „Die Flüchtlinge…!“), insb. **negativer Frames**
  - **drastische**, auf Gefühle ausgerichtete **Rhetorik** und **plakative, polarisierende Sprache**
  - direkte Ansprache, um Publikumsnähe herzustellen, und Erzeugung eines Wir-Gefühls
- soziale Medien als Stütze des Populismus: direkte Kommunikation mit „dem Volk“

Auf einen Blick

> *„Was wir über die Gesellschaft, ja über die Welt, in der wir leben, wissen, wissen wir durch die Massenmedien.“*
> *(Niklas Luhmann)*

SOZIALE MEDIEN / INTERNET ⟷ **Medienkonkurrenz** ⟷ **KLASSISCHE MASSENMEDIEN**

SOZIALE MEDIEN / INTERNET
- kostenlos, schnell, verfügbar
- interaktiv
- Möglichkeit eines Bürgerjournalismus → demokratische Teilhabe

„Fünfte Gewalt“ (Pörksen)
- digitale Öffentlichkeit als „fünfte Gewalt“
- Konnektiv statt Kollektiv
- radikaler Pluralismus
- Gefahr der „Erregungsgesellschaft“ und eines „Modus der Kurzfristigkeit“

KLASSISCHE MASSENMEDIEN
- vierte Gewalt im Staat
- Funktionen: Kontrolle, Meinungsbildung, Information
- Qualitätskriterien und Pressekodex

Bedeutungsverlust
→ wirtschaftliche Schwierigkeiten

Reaktionen der Massenmedien
- Erweiterung des Angebots auf digitalen Bereich
- soziale Medien als Kanal für Aufmerksamkeitserzeugung
- Aufmerksamkeitskonkurrenz: Anpassung an den Trend der Dramatisierung bzw. Skandalisierung?
- Erklärjournalismus als neue Schwerpunktsetzung?

Die klassischen Massenmedien

- klassische Aufgaben der Massenmedien (Fernsehen, Rundfunk, Presse) und des Journalismus in der Demokratie:
  – **Kontrollfunktion:** Kontrolle und Kritik der Mächtigen
  – **Meinungsbildungsfunktion:** Anstoßen von Debatten und Meinungsbildung
  – **Informationsfunktion:** Aufklären über politische, soziale, kulturelle Fakten und Hintergründe
  → Journalismus eigentlich als **vierte Gewalt** im demokratischen Staat (neben Legislative, Judikative, Exekutive): gesellschaftliches Korrektiv
- Journalismus mit verschiedenen Qualitätskriterien, die zum einen die inhaltliche Seite (z. B. Kriterien „Aktualität“, „Originalität“), aber auch die (sprachliche) Darstellungsform betreffen (z. B. Kriterien „Objektivität“, „Verständlichkeit“)
- **Pressekodex** als Form der freiwilligen Selbstkontrolle der Printmedien: u. a. Verpflichtung zu Wahrhaftigkeit, Sorgfalt, Schutz der Persönlichkeitsrechte, Diskriminierungslosigkeit
- Deutschland als Mediendemokratie: demokratischer Staat, in dem Medien eine tragende Rolle bei der öffentlichen Meinungsbildung spielen
- Folge der großen Bedeutung der Medien: Tendenz zur **Darstellungspolitik** (vs. Entscheidungspolitik) mit zunehmender **Inszenierung** des politischen Diskurses → die Positionen müssen der Bevölkerung „verkauft“ werden (z. B. in TV-Debatten)
- u. a. Frage, inwiefern Massenmedien durch ihre Themensetzungen („Agenda-Setting“) oder auch durch ihre Art der Berichterstattung **Einfluss** nehmen (wollen)

Medienwandel und Journalismus

Der Medienwandel der letzten Jahrzehnte

- Medienwandel innerhalb der letzten drei Jahrzehnte: Neben die klassischen Massenmedien sind zunehmend das **Internet** und heutzutage insbesondere die **sozialen Medien** getreten
- vielfältiges, **kostenloses Angebot im Internet**, um sich zu informieren, Texte und Meldungen zu veröffentlichen, sich dialogisch auszutauschen **(Interaktion)** → **Ergänzung zu klassischem Journalismus**, der über Neue Medien auch ein größeres Publikum erreichen kann

- Vorzüge der Nachrichtenverbreitung via Internet: große **Geschwindigkeit** und **Aktualität**; hohe Verfügbarkeit; Unabhängigkeit von Printmedien, Kiosk etc.
- Möglichkeit des **Bürgerjournalismus: Jeder** kann **journalistisch tätig** werden, seine Texte im Netz publizieren oder Artikel kommentieren → Individuum nicht mehr nur Konsument, sondern Sender von Informationen („Web 2.0"; „Produser"); **demokratische Teilhabe** an Meinungsbildungsprozess; many-to-many-Kommunikation (nicht mehr linear und one-to-many)

Auswirkungen des Medienwandels auf den Journalismus

- **Verlust des Informationsmonopols:** Journalisten und Journalistinnen nicht mehr „Gatekeeper" (Türhüter), die bestimmen und auswählen, worüber berichtet wird → ggf. neue Rolle als „Gatewatcher", der Kommunikation lenkt, oder als „Barkeeper", der „Nachrichten-Cocktail" (Jochen Hörisch) mixt und gehaltvolle Zusammenstellungen von Nachrichten liefert
- Journalismus in der **Medienkonkurrenz:**
  - Bedeutungsverlust des klassischen Journalismus (insbesondere der Presse) → schwierige **wirtschaftliche Lage** von Presseunternehmen („Zeitungssterben")
  - Erweiterung des Angebots auf den digitalen Bereich
  - mangelnde Bereitschaft der Leserschaft, für digitale Inhalte zu bezahlen (Paywalls)
  - soziale Medien als Kanäle, über die der Journalismus Aufmerksamkeit für seine Inhalte bzw. medialen Angebote erzeugt
  - Folgen der Aufmerksamkeitskonkurrenz: Gefahr, dass sich der Journalismus dem Trend zur **Dramatisierung** und **Skandalisierung** in den sozialen Medien anpasst („Brüllwettbewerb"); inflationäre Eilmeldungen (→ Verärgerung der Leser*innen); Schnelligkeit als Qualitätskriterium (→ Veröffentlichung von ungeprüften News; ABER: Nachhaltigkeit von Publikationen im Netz)
  - **Erklärjournalismus** als mögliche Schwerpunktsetzung: Beleuchten von Hintergründen statt lediglich Vermittlung von „News"
- Wandel der Kommunikation: Kritik kaum noch über Leserbriefe, die redaktionell gefiltert werden, sondern über **Kommentare unter Artikeln** (oder auch über soziale Netzwerke), bei denen lediglich die Einhaltung der Richtlinien kontrolliert wird → häufig wenig konstruktiver Ton, nicht durchdachte Äußerungen oder auch bewusstes „Ausleben" von Aggressionen

Die „fünfte Gewalt" – die Macht der Vielen

- These der „**fünften Gewalt**" (nach Bernhard Pörksen) → neben die drei Staatsgewalten (Legislative, Exekutive, Judikative) und die vierte Gewalt (Massenmedien) sei als fünfte Gewalt die digitale Öffentlichkeit v. a. in sozialen Medien getreten – getragen von der Masse von Einzelnutzern
- Vernetzung als zentrales Prinzip: „**Konnektiv**" (von engl. *connect:* „verbinden") statt Kollektiv
- spontane Selbstorganisation statt gelenkter Fremdorganisation
- radikaler **Pluralismus:** Vielgestaltigkeit, keine einheitliche Ideologie
  - **Potenzial zum Guten** → z. B. Aufdeckung von Missständen, Plagiatsenthüllung, Thematisierung von Sexismus
  - **Potenzial zum Schlechten** → z. B. Mobbing, „Shitstorms", Fake News
- mögliche Probleme:
  - Entwicklung hin zu einer „**Erregungsgesellschaft**" (Pörksen), in der oft v. a. „laute" und polarisierende Äußerungen den Diskurs bestimmen → Aufmerksamkeitskonkurrenz
  - Tendenz zu einem „Modus der Kurzfristigkeit" (Pörksen) statt Blick für langfristige Probleme
- mögliche Vorteile: **Demokratisierung** der politisch-gesellschaftlichen Kommunikation durch „fünfte Gewalt", indem die Sender-Empfänger-Hierarchie aufgelöst ist

Auf einen Blick

Hatespeech kann teuer werden: 2021 musste ein 25-Jähriger eine Strafe von 5 400 € zahlen, weil er im Internet den Hanauer Bürgermeister beleidigt und bedroht hatte.

YouTube als Diskurs-Plattform

- meist direkte Kommunikation
- z. T. konzeptionelle Schriftlichkeit, oft aber auch spontane Äußerungen (eher einfache Sprache)
- Sprache: Begrüßungsformel, direkte Ansprache, Anschlusskommunikation

Hatespeech

- oft Fremdenfeindlichkeit, Antisemitismus, Homophobie
- Muster: Falschaussagen, Stereotype, Wir-/Die-Rhetorik etc.
- mögliche Gegenmaßnahmen: Pflicht zur Löschung von Hatespeech; Verpflichtung zu Klarnamen; Strafverfolgung

Kommunikation bei Twitter

- Gefahren: Unterkomplexität, misslingende Kommunikation, Skandalisierungspotenzial
- schnelle Meinungsbildungsprozesse
- Sprache: Kürze, Tendenz zu konzeptioneller Mündlichkeit, Emojis und Emoticons

Fake News

- Fake News: meist Ziel der Manipulation
- sprachliche Merkmale: polarisierende, stark wertende Sprache, direkte Adressierung des Publikums
- Notwendigkeit eines kritischen Umgangs mit Internetmeldungen

Besonderheiten der Internetkommunikation

- **Übermenge** an Informationen und Meldungen im Internet – meist **ohne Filterung, Gewichtung, Einordnung** (z. B. durch professionelle Journalistinnen und Journalisten)
- Phänomen „**Clickbaiting**" (von engl. *bait*: ködern): Erhöhung der Klickzahlen mithilfe übertreibender, reißerischer Überschriften, die Neugier erzeugen, aber vom Inhalt kaum gedeckt sind
- **Trolle:** Internetnutzer*innen, die die **Onlinekommunikation** (Foren, Kommentare etc.) gezielt mithilfe von provokanten, oft radikalen Beiträgen **stören**, teilweise mit politischer Agenda
- **Social Bots**, die automatisiert bestimmte Meldungen in den sozialen Medien „pushen"
- Internet als Medium der **Einflussnahme** durch Organisationen, Parteien, politische Systeme etc.: Nutzung der „fünften Gewalt" zur (politischen u. interessegeleiteten) Meinungssteuerung
- **Mikrotargeting:** zielgenaue Ausrichtung der Inhalte und der verwendeten Sprache auf bestimmte Gruppen (über soziale Medien) → Tendenz zur Verfestigung bestehender Meinungen
- Problem der **Filterblasen** durch **Algorithmen:** Ableitung von Leseinteressen aus dem Lese-/Klickverhalten → Grundlage für Vorschläge weiterer Beiträge mit gleicher Tendenz → Verstärkung der eigenen Haltung, weil Gegenmeinungen/-argumente kaum mehr ins Blickfeld rücken
- **Memes:** insb. witzige Bild-Text-/Video-Text-Kombinationen, die sich in sozialen Netzwerken schnell verbreiten → oft zur **Unterhaltung**, aber z. T. auch als Mittel der **Meinungsäußerung** (oft in ironisch-satirischer Form) – ABER: auch als Mittel **politischer Beeinflussung** genutzt

Fake News

- Fake News (= „gefälschte Nachrichten"): **Falschnachrichten**, die in der Regel mit **Täuschungsabsicht** in Umlauf gebracht werden (weitere Begriffe: Hoax, Desinformation)
- auch im klassischen Journalismus möglich, aber insbesondere ein Problem der Digitalisierung
- meist Ziel der **Manipulation**, insb. zu brisanten Themen (z. B. Flüchtlingskrise, Coronapolitik) – teilweise auch zu **propagandistischen Zwecken**
- sprachliche Merkmale im Unterschied zu journalistischen Meldungen: **polarisierende, stark wertende Aussagen** und **direkte Adressierung** der Rezipienten und Rezipientinnen
- Notwendigkeit eines **kritischen Umgangs** mit Meldungen im Internet: z. B. Quellenprüfung; aufmerksamer Blick für die **Machart** (u. a.: Belege und deren Qualität); **Abgleich** mit anderen Meldungen zum gleichen Thema; Nutzung von Faktenchecks (z. B. *Correctiv*, *Mimikama*)

YouTube als Plattform für öffentlich-politischen Diskurs

- große Breite: von **fundierter Politikkritik** bis hin zu **Verschwörungserzählungen**
- meist direkte Kommunikation mit Publikum (vs. Fernsehen: meist Kommunikation zwischen zwei / mehreren Personen, z. B. bei Polit-Talkshows)
- z. T. **konzeptionelle Schriftlichkeit** (z. B. bei Vortrag schriftlich ausformulierter Texte), oft aber auch spontane **mündliche Äußerungen** (→ insb. dann eher einfache Sprache)
- häufige sprachliche Merkmale: spezifische Begrüßungsformel / Einleitung, die neugierig macht; **direkte Ansprache** der Zuschauerschaft; oft Anregung zur **Anschlusskommunikation** („Schreibt mal in die Kommentare …"), insbesondere am Ende der Videos; oft eher jugendlich-lockere Sprache (→ Ausrichtung auf meist jüngeres Publikum)

Sprache und Kommunikation auf Twitter

- Beschränkung auf geringe Anzahl von 280 Zeichen pro Tweet:
  - Reduzierung auf wesentliche, z. T. einfache Aussagen → ggf. Gefahr von **Unterkomplexität**
  - häufig telegrammartiger Stil → dadurch ggf. Gefahr von **misslingender Kommunikation**
  - Notwendigkeit, schnell auf den Punkt zu kommen
- „Gefällt mir"-Markierungen: unmittelbare Signalisierung von Zustimmung über einen Button → Förderung von Bewertungen **ohne weitere Differenzierungen** → Polarisierung
- große Geschwindigkeit der Verbreitung – digitale Kommunikation quasi in Echtzeit:
  - Möglichkeit **schneller Meinungsbildungsprozesse**, zugleich aber Gefahr von Vereinfachungen, überhasteten Kommentaren, „Shitstorms" etc. → großes **Skandalisierungspotenzial**
  - Kurznachrichten können durch Weiterverbreitung ungewollte **Reichweite** entfalten
- Merkmale der Sprache auf Twitter (wie z. T. auch bei anderen Digitaldiensten, z. B. WhatsApp):
  - Verwendung von **Emojis** (und Emoticons) als bildliche Elemente in der Schriftkommunikation → insbesondere zur schnellen Mitteilung von **Gefühlen** oder **Bewertungen**
  - Tendenz zu **konzeptioneller Mündlichkeit**, d. h. zur Verwendung von mündlichen Sprachmustern im schriftlichen Medium: Umgangssprache, Verkürzungen (z. B. *Hab nen Eis gegessen*), Akronyme (z. B. *lol*), Inflektive aus Comicsprache (z. B. *seufz*), Großschreibung zur Betonung etc.

Phänomen Hatespeech

- Hatespeech = **Hassrede:** Äußerungen, die Menschen im Internet abwerten oder angreifen und zu Hass und Gewalt gegen bestimmte Personen(gruppen) aufrufen
- **verschiedene Hintergründe** (z. B. Fremdenfeindlichkeit, Antisemitismus, Homophobie)
- **Muster von Hatespeech:** bewusste Verbreitung von falschen Aussagen, Stereotypen und Vorurteilen, Tarnung als Humor/Ironie, Wir-/Die-Rhetorik, Verschwörungstheorien
- **oft nicht von Meinungsfreiheit** gedeckt (Volksverhetzung, Beleidigung, Aufruf zu Straftat …)
- Hass-Äußerungen **kein reines Netzphänomen**, aber **Enthemmungseffekt** des Internets, da sich Hass schnell, einfach und anonym verbreiten kann und da ein direktes Gegenüber fehlt
- **Folgen von Hatespeech:**
  - Hatespeech als **Nährboden für reale Übergriffe**
  - **Verzerrung des Meinungsbilds** im Netz und Polarisierung → schweigende, unsichtbare Mehrheit wird nicht mehr wahrgenommen → Verzerrung und Vereinfachung von Tatsachen
- diskutierte Gegenmaßnahmen: **Verpflichtung** für Portale/soziale Netzwerke, Hatespeech zu **löschen**; Verpflichtung zu **Klarnamen** im Internet (vs. Anonymität); konsequente **Strafverfolgung**, höhere Strafen; **Sensibilisierung** für Funktionsweise und Folgen von Hatespeech

Auf einen Blick

Gefahr für den Flirt! Für die Autorin Sibylle Lewitscharoff sind gendergerecht flirtende Männer „so erotisch wie eine Blindschleiche".

Leichte Sprache – Ziel: Barrierefreiheit

PRO
- Integration und gesellschaftliche Teilhabe
- mehr Gleichberechtigung
- reibungslosere Kommunikation

KONTRA
- Verstärkung von Ausgrenzung
- Verminderung der Ausdrucksfähigkeit
- Beeinträchtigung des Inhalts

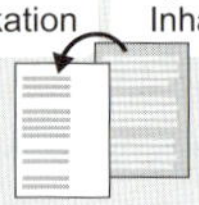

Politisch korrekte Sprache – Ziel: insb. Diskriminierungsfreiheit

PRO
- Beeinflussung des Denkens durch Sprache
- gegen Tradierung von Stereotypen
- Vermeidung von Diskriminierungsgefühlen bei Betroffenen

KONTRA
- keine Veränderung der Wirklichkeit durch politisch korrekte Begriffe
- Eingriff in freie Rede („Sprachpolizei")
- übertriebener Minderheitenschutz
- Vorwurf der Ideologisierung der Sprache

Gendergerechte Sprache – Ziel: mehr Gleichberechtigung

PRO
- Beeinflussung des Denkens durch Sprache
- mehr Gleichberechtigung
- Einbeziehen aller Menschen

KONTRA
- Verkomplizierung der Sprache
- keine Auswirkung auf nichtsprachliche Ungerechtigkeiten
- Erzeugung von Unwillen und dadurch Widerstand

Leichte Sprache in der behördlichen Kommunikation

- Diskussion, ob **behördliche Kommunikation** (Internetseiten, Wahlbenachrichtigungen, Formulare etc.) verbindlich auch in „Leichter Sprache" angeboten werden soll
- **Leichte Sprache** = Sprache mit bestimmten **Regeln**, die dem Prinzip der **besonders leichten Verständlichkeit** verpflichtet sind (kurze Sätze, keine Passivsätze, nur 1 Aussage pro Satz, kein Konjunktiv, einfache Satzstruktur mit den Satzgliedern Subjekt, Prädikat, Objekt etc.)
- Ziel: Ansprache von Menschen, die die **Sprache schlechter beherrschen** → **Barrierefreiheit**
- kommunikationstheoretisch: **Ausrichtung der Botschaft auf den Empfänger**, um gelingende Kommunikation zu sichern; Veränderung der dominant-komplementären **Sender-Empfänger-Beziehung** in Richtung einer **inklusiv-symmetrischen Beziehung**
- **Pro-Argumente:**
  - **gesellschaftliche Teilhabe und Integration** von Menschen mit Sprachschwierigkeiten → mehr Selbstbestimmung (z. B. bei Informationssuche)
  - **Verringerung** sozialer Ungleichheit
  - **weniger Aufwand** und **reibungsloserer Ablauf** bei bestimmten Vorgängen, z. B. wenn behördliche Mitteilungen oder Formulare dadurch weniger der Erklärung bedürfen
  - kein Nachteil für Menschen, die die Sprache gut beherrschen
- **Kontra-Argumente:**
  - Behinderung der kognitiven und sprachlichen Entwicklungsmöglichkeiten durch Fokus auf die Leichte Sprache → ungewollte **Verstärkung von Ausgrenzung**
  - **Verminderung** von sprachlicher **Ausdrucks- und Differenzierungsfähigkeit**
  - durch sprachliche Vereinfachung immer auch **Beeinträchtigung des Inhalts**

Politisch korrekte Sprache

- **Political Correctness** (laut Duden): Einstellung, die alle diskriminierenden Ausdrucksweisen und Handlungen ablehnt
- **diskriminierende**, mit negativen Assoziationen verbundene **Bezeichnungen** (auch **Slurs** genannt) mit Bezug auf mehr oder weniger genau definierte Bevölkerungsgruppe, z. B. „Zigeuner"
- **Schimpfwörter/Beleidigungen:** Angriff auf positives Selbstbild des Gegenübers

- **Tabuwörter:** Wörter mit Bezug zu Lebensbereichen, die mit gesellschaftlichen Tabus belegt sind, z. B. Körperfunktionen, Geschlechtsorgane und sexuelle Handlungen, Krankheiten und Tod → meist **ersetzt durch klinische Ausdrücke oder euphemistische Umschreibungen**
- Argumente von **Befürwortern** politisch korrekter Sprache:
  - **Beeinflussung** des **Bewusstseins**/des **Denkens** durch Sprache
  - Maßnahme gegen Tradierung von (z. B. rassistischen) **Stereotypen**
  - Vermeidung von Diskriminierungsgefühlen bei Betroffenen
- Argumente von **Kritikern** politisch korrekter Sprache:
  - keine Veränderung der Wirklichkeit durch ersetzende Begriffe, stattdessen oft sogar **Verharmlosung gesellschaftlicher Missstände** unter Deckmantel mildernder Benennung
  - **Eingriff in freie Rede** („Sprachpolizei") und Vorwurf der **Ideologisierung** der Sprache
  - übertriebener Schutz von Minderheiten sorge überhaupt erst für Diskriminierung
- Frage nach dem Umgang mit diskriminierenden Wörtern in **Kinderbuchklassikern** (z. B. mit dem rassistischen Wort „Neger"):
  - **Gefahr** der unbewussten Übernahme diskriminierender Ausdrücke durch Kinder → Forderung, die diskriminierenden Begriffe durch **nicht-diskriminierende Begriffe zu ersetzen**
  - Gegenargumente: Eingriff in Literatur, obwohl mit Begriffen im Kontext keine Diskriminierung verbunden wird; Gefahr der Enthistorisierung (= Verdecken des geschichtlichen Kontextes, in dem das Werk entstanden ist) → Alternative: **Auseinandersetzung mit Kindern** über Sprachwandel, z. B. mithilfe von **Erläuterungen** im Buch
- „**Cancel Culture**": politisches Schlagwort für den Ausschluss bestimmter Personen oder Organisationen aus der Öffentlichkeit wegen eines Fehlverhaltens, insbesondere wegen politisch nicht korrekter Aussagen → Vorwurf der Zensur bzw. der Beschneidung der Meinungsfreiheit

Gendergerechte Sprache

- **Ziel: Gleichberechtigung** in der Sprache durch **Sichtbarmachung** (explizite Nennung der Geschlechter) oder **Neutralisierung** (Vermeidung eines Bezugs zum biologischen Geschlecht)
  - **Möglichkeiten der Sichtbarmachung** (Beispiele): Schrägstrich *(Sportler/-innen)*; Binnen-I *(ArbeiterInnen)*; Paarform *(Lehrerinnen und Lehrer)*; Sternchen und Unterstrich *(Schüler*innen, Schüler_innen* → auch nichtbinäre Menschen werden sichtbar gemacht)
  - **Möglichkeiten der Neutralisierung** (Beispiele): substantivierte Partizipien (*Studierende*), geschlechtsindifferente Ausdrücke (*Lehrkräfte*)
- **Pro-Argumente:**
  - **Beeinflussung des Denkens** und damit der Wirklichkeit durch die Sprache → alleinige Nennung der männlichen Form („generisches Maskulinum") erzeuge falsches Bild in den Köpfen
  - **Förderung** der im Grundgesetz verankerten **Gleichberechtigung** → explizite Ansprache aller gemeinten Personen, anstatt Frauen (und auch nichtbinäre Menschen) nur „mitzumeinen"
- **Kontra-Argumente:**
  - **Verkomplizierung** der Sprache und **Störung des Leseflusses**
  - teilweise **Widerspruch zu amtlichen Rechtschreibregeln**
  - keine Aufhebung der Benachteiligung allein durch sprachliche Gleichberechtigung, ggf. sogar **Verschleierung** weiterhin bestehender **Ungerechtigkeiten** (Vorwurf der Symbolpolitik)
  - kontraproduktive Wirkung von Formulierungsvorgaben, die **Unwillen** erzeugen
- **kreative Formen des gendergerechten Formulierens** zur Vermeidung komplizierter Wendungen, die den Lesefluss stören, z. B. Umschreibungen mit Relativsatz (*Wer Fahrrad fährt, sollte einen Helm tragen.*), Passivkonstruktionen *(Die Medaillen werden später verliehen.)*

Auf einen Blick

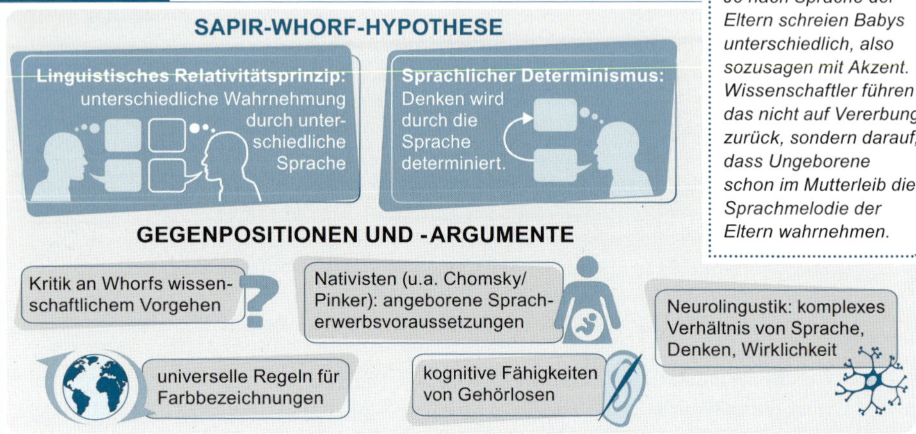

Je nach Sprache der Eltern schreien Babys unterschiedlich, also sozusagen mit Akzent. Wissenschaftler führen das nicht auf Vererbung zurück, sondern darauf, dass Ungeborene schon im Mutterleib die Sprachmelodie der Eltern wahrnehmen.

Die Sapir-Whorf-Hypothese

- Sapir-Whorf-Hypothese: linguistische Hypothese zum **Zusammenhang von Sprache und Denken**, entwickelt von **Benjamin Lee Whorf** (1897–1941, Ingenieur und Linguist) mit Bezügen zu **Edward Sapir** (1884–1939, Ethnologe und Linguist)
- **Linguistisches/sprachliches Relativitätsprinzip** (schwache Version der Hypothese):
  - Sprecher verschiedener Sprachen nehmen die Wirklichkeit auf verschiedene Art und Weise wahr (abhängig von Lexik/Wortschatz, Grammatik) → sprachenabhängiges Bild von der Welt
  - gleiche/ähnliche Wahrnehmung nur bei gleichen/ähnlichen linguistischen Hintergründen
- **Sprachlicher/linguistischer Determinismus** (starke Version der Hypothese):
  - Denken, Erkenntnis und Weltsicht werden von der Sprache fundamental determiniert
  - das *linguistische System* (die Grammatik) als *Schema und Anleitung für die geistige Aktivität* (Whorf) → Formung der Gedanken und der geistigen Vorstellungen durch die Sprache, d. h. die jeweilige Sprache bestimmt/limitiert, was dem Menschen zu denken möglich ist
- keine objektive Wahrnehmung und Erkenntnis möglich
- Vorstellung, dass vielsprachige Linguisten ein größeres Maß an Unparteilichkeit/Objektivität erlangen können, da sie durch die Kenntnis verschiedener Sprachen auch verschiedene Formen der Wirklichkeits-Interpretation kennen
- zwar großer Einfluss der Sprache auf das Denken, aber keine Identität von Sprache und Denken
- Sprache der **Hopi** (indigenes Volk in Arizona) als Grundlage für Whorfs **Forschung: These**, dass die Hopi-Sprache z. B. über **kein Zeitkonzept** verfügt, wie wir es kennen, und keine sprachlichen Möglichkeiten hat, um in der uns bekannten Weise über die Zeit zu sprechen (Behauptung von Whorf: keine Wörter für *gestern, heute, morgen*)
- Ausgangspunkt der Forschungen: Versuch, exotische Sprachen aufzuwerten, indem ihre Eigenheiten gezeigt werden, ohne diese als defizitär darzustellen
- heute teilweise abgeschwächte Version der Hypothese: nicht Determination des Denkens durch die Sprache, aber **Einfluss der Sprache auf das Denken**

Gegenpositionen und -argumente zur Sapir-Whorf-Hypothese

- Kritik richtet sich v. a. auf starke Version der Sapir-Whorf-Hypothese (Determinismus)
- **Kritik an Whorfs Forschungsthesen und -ergebnissen:**
  - **keine empirische Feldforschung** vor Ort, sondern lediglich Nutzung sekundärer Quellen
  - **Fremdartigkeit** der Hopi-Sprache gar **nicht so groß**, wie von Whorf angenommen
  - Widerlegung der These, Eskimos hätten viel mehr Wörter für Schnee als andere Sprachen
  - Whorfs Beobachtungen kein Beleg, dass Sprache das Denken bestimmt (und nicht umgekehrt)
- **Nativismus** (= Ansicht, dass bestimmte Fähigkeiten/Vorstellungen angeboren sind)
  - **Noam Chomsky** (*1928, Linguist): Annahme **angeborener Basisstrukturen**, die beim Spracherwerb aktiviert werden und mit deren Hilfe dann die Grammatik der jeweiligen Sprache erlernt wird – verschiedene Versionen der Annahme: u. a. **Universalgrammatik** → Folgerung: **Sprache dem Denken nachgeordnet** (↔ Sapir-Whorf-Hypothese)
  - **Steven Pinker** (*1954, Linguist, Kognitionswissenschaftler): Kinder besitzen „**Sprachinstinkt**" → **angeborene Denk- und Verarbeitungsstrukturen** ermöglichen Spracherwerb → Folgerung: Sprache mit **wenig Einfluss auf das Denken** (↔ Sapir-Whorf-Hypothese)
- **Neurolinguistische Modelle:**
  - komplexes Verhältnis von Wahrnehmen, Denken und Sprechen
  - **keine einseitige Determination des Denkens durch Sprache**, aber durchaus Einflüsse
  - neben der Sprache noch andere Strukturen, die für das Denken wesentlich sind (z. B. Räumlichkeitskategorien, bildhafte Vorstellungen)
- Forschungen von Brent Berlin und Paul Kay – Thesen: **universelle** (d. h. angeborene) **Regeln**, in welcher Reihenfolge Farbbezeichnungen ausgebildet werden
- Widerspruch zu Whorf: **Übersetzbarkeit von Sprachen**, konkrete Begriffe (z. B. *Hand*, *Wasser*) in jeder Sprache vorhanden, unterschiedliche (kulturhistorisch gewachsene) Konzepte v. a. bei abstrakten Begriffen (z. B. *Geborgenheit*, *Aufklärung*)
- Erklärungslücke in der Sapir-Whorf-Hypothese: kognitive Fähigkeiten von (seit der Geburt) **Gehörlosen** kaum erklärbar, wenn Sprache einen fundamentalen Einfluss auf das Denken hat
- gelegentliche **Schwierigkeit, Gedanken in Worte** zu fassen, als Phänomen, das mit Whorfs starker Verknüpfung von Sprache und Denken schwer in Einklang zu bringen ist

Relevanz der Sapir-Whorf-Hypothese in verschiedenen Kontexten

- **Schwierigkeit**, Texte in andere Sprachen zu **übersetzen**
  - Relativität der Sprachen, v. a. ihres **Wortschatzes**
  - z. B. schwierige Übersetzung der Bezeichnung *Onkel* ins Mandarin (chinesische Sprache), da es dort mehrere Begriffe dafür gibt (mütterlicher-/väterlicherseits, blutsverwandt/angeheiratet)
- Frage, ob das **Denken über bestimmte Sprachverwendungen gesteuert** werden kann
  - z. B. politisch korrekte Sprache: Vermeidung von Begriffen, die durch häufige ablehnend gemeinte Verwendung einen **negativen Beiklang** erhalten haben (~~*Farbige*~~ → *People of Color*)
  - Ziel: **Diskriminierung bekämpfen**, indem bewusster Sprachgebrauch das Denken verändert
- Möglichkeit der **Manipulation** durch Sprache:
  - starke Bedeutung von **Metaphern**, insbesondere im politischen Feld (z. B. *Flüchtlingsflut* für größere Zahl an Geflüchteten → Assoziation der Bedrohung → Angst, überrannt zu werden)
  - Wortwahl: z. B. *Terrorist* als Bezeichnung für Oppositionelle → Gefühl der Bedrohung
  - **Euphemismen:** beschönigende Begriffe (z. B. *Umsiedlung* für Vertreibung) → höhere Akzeptanz der Maßnahmen (umgekehrte Wirkung durch **Dysphemismen**)

Auf einen Blick

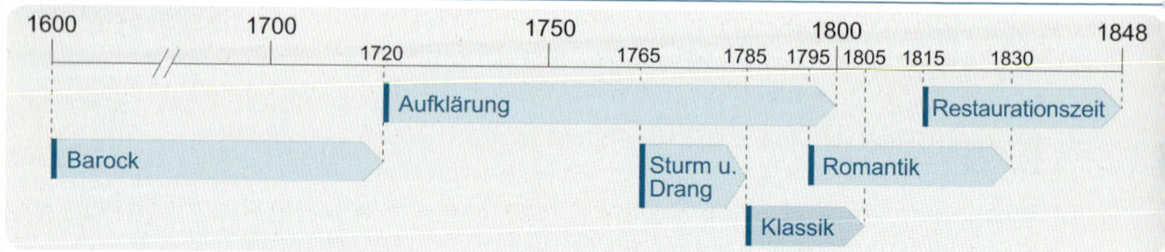

Barock (ca. 1600–1720)

- **Hintergründe:** Entwicklung der modernen Wissenschaften; Aufblühen des Humanismus; Absolutismus mit extremen sozialen Spannungen; große Religiosität und Religionskonflikte; **Dreißigjähriger Krieg** mit verheerenden Auswirkungen
- **Vanitas** (lat. leerer Schein, Nichtigkeit, Eitelkeit) als Zentralmotiv → **Memento mori** (lat. Gedenke des Todes): Abkehr von der Welt / Konzentration auf das Jenseits oder **Carpe diem** (lat. Genieße den Tag): Genuss des flüchtigen Moments → Streben nach Ordnung in Form und Inhalt
- starkes Formbewusstsein, **Dominanz geregelter Formen** (z. B. **Sonett** mit Alexandriner, um antithetisches Denken auszudrücken); **Regelpoetik:** poetisches Schreiben ausgehend von Regeln
- Lyrik als dominierende Gattung, aber auch Drama (Tragödien mit mythologischen Stoffen) und Epik (v. a. Schäfer- und Schelmenroman)
- vorherrschende Themen: **Krieg**, **Tod**, **Vergänglichkeit**, Religion und Scheinwelt

Aufklärung (ca. 1720–1800)

- **Hintergründe:** (aufgeklärter) Absolutismus; Säkularisierung und Deismus (rationaler Zugang zu Gott); Aufstieg des Bürgertums
- Orientierung an der menschlichen **Vernunft** → distanziertes Verhältnis zu Emotionen → **Empfindsamkeit** mit Aufwertung des Gefühls **als Gegenbewegung**
- **autonomes Individuum** mit Menschenrechten im Zentrum → **Toleranz** als zentraler Wert
- Themen: Ständekritik, Toleranz, Bildung, **Humanität**, **Erkenntnisfähigkeit** des Menschen
- Stilideal der Klarheit und Verständlichkeit
- **lehrhafte Kurzformen** der fiktionalen Literatur: Fabel, Parabel, Lehrgedicht, Epigramm, Ode und Fortsetzungsroman → Literatur soll nützlich sein

Sturm und Drang (ca. 1765–1785)

- **Hintergründe:** große soziale Ungerechtigkeit; absolutistische Machtpolitik und Fürstenwillkür → Aufbegehren der jungen Generation
- **starker Subjektivismus** mit Mensch als erlebendem und empfindendem Subjekt im Mittelpunkt → **Gefühlskult und Aufbruchsstimmung**
- Aufwertung der Emotionalität als **Gegenbewegung zum Rationalismus der Aufklärung**
- jugendliche **Protestbewegung**, die Fürstenwillkür, soziale Ungleichheit, materielle Not und rigide Moralvorstellungen anprangert
- Autonomie des Künstlers und seines Kunstwerkes → **Geniekult**, **Schöpfergedanke**
- Abkehr von Regelpoetiken → **Leidenschaftlichkeit der Sprache:** Ausrufe, Hyperbeln, Metaphern, Kraftausdrücke und Neologismen

- Themen: **Herz**, Natur, Freundschaft, **Liebe**, **Freiheit**, politischer Widerstand, Gerechtigkeit
- **Erlebnislyrik:** Wiedergabe der unmittelbaren Empfindungen des lyrischen Ich in freien Rhythmen, reimlosen Versen und hohem Pathos, aber auch in Einfachheit des Volkslieds
- freiere Formen (z. B. offenes Drama), Briefroman zur Ausgestaltung individuellen Erlebens

Klassik (ca. 1786–1805)

- **Hintergründe:** Französische Revolution mit Terrorherrschaft; „Musenhof" unter Herzogin Anna Amalia in **Weimar** (Zusammenarbeit von **Goethe und Schiller**)
- Leitgedanken: **Harmonie**, Ausgleich der Gegensätze, **Würde**, **Humanität**, Toleranz, Selbstbestimmung, Beherrschung und Mäßigung (*Edle Einfalt, stille Größe*)
- **Ideal des Guten, Wahren und Schönen** → Forderung nach ethischer Vervollkommnung durch Orientierung an der Antike → **Erziehung des Menschen** als Aufgabe der Kunst
- überzeitliches **Humanitätsideal** → historische Umstände, Alltagssprache oder politisches Ideal spielen keine Rolle → Vorwurf an Klassik, bestehende Verhältnisse zu stützen
- Themen: Humanität, Freiheitsidee, Harmonie von Pflicht und Neigung
- Ideal der **Formstrenge:** harmonische Verbindung von Inhalt, Sprache und Aufbau
- Lyrik: klassische Formen (z. B. Elegien und Epigramme), Drama: metrisch gebundene Sprache, hoher Stil, geschlossene Form, historische/antike Stoffe, Epik: Bildungsroman

Romantik (ca. 1795–1830)

- **Hintergründe:** Französische Revolution mit Terrorherrschaft; zunehmendes Nationalbewusstsein durch Kriege gegen Napoleon
- Idee der Abhängigkeit des Menschen von einem Absoluten oder Unendlichen → Wiederannäherung an religiöse Denkformen → Poesie als Medium des Absoluten (**Universalpoesie**, in der alle Gattungen und Künste vereint sind) → Streben nach **Gesamtkunstwerk**
- Blick nach innen → „**Blaue Blume**" als Symbol für metaphysische **Sehnsucht nach dem Fernen und Unerreichbaren** sowie den eigentlichen Seinszusammenhängen
- Themen und Motive: Natur als Bereich des Unendlichen, **Sehnsucht**, **Traum**, **Wahnsinn**, Entgrenzung, Einsamkeit, Vergänglichkeit, Reisen, Wandern, Nacht, Fantastisches
- Idealisierung des Mittelalters und aufkommendes Nationalbewusstsein → Interesse an Volksdichtung, z. B. **Volkslied, Märchen** → leichte Verständlichkeit, Wohlklang, „musikalische" Sprache
- Anschreiben **gegen Philistertum und Bürgerlichkeit**
- **„romantische Ironie":** Aufzeigen der Unerreichbarkeit des Absoluten durch Texte, die sich selbst und ihre Entstehungsbedingungen reflektieren oder kommentieren
- Roman als universale Form, in der Lyrik enthalten ist (kaum Dramen)

Restaurationszeit (ca. 1815–1848)

- Hintergründe: Wiener Kongress 1815 und Restaurationspolitik; **Märzrevolution** 1848 – zunehmende Einschränkung der Freiheit, Zensur → verschiedene Strömungen: **Biedermeier** (Resignation, Rückzug ins Private), **Vormärz** und **Junges Deutschland** (politisches Aufbegehren)
- rationale Haltung und Orientierung an Fakten → Abkehr von der Romantik
- Themen des Biedermeier: **Familie, Ordnung, Beschaulichkeit**, Idylle → **heile poetische Welt**
- Themen des Vormärz, des Jungen Deutschlands: **soziale und politische Missstände** → **Kampf gegen soziales Elend und Unterdrückung** als Aufgabe der Literatur
- Veröffentlichungen in Zeitungen und Zeitschriften → vorwiegend kleinere literarische Formen

Auf einen Blick

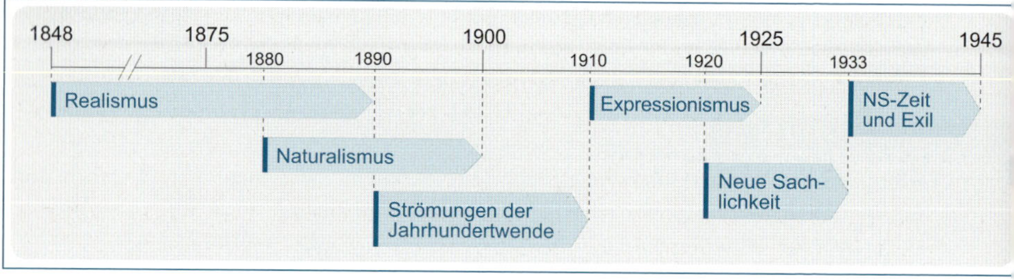

Realismus (ca. 1848 – 1890)

- Hintergründe: Scheitern der Revolution von 1848; Gründung des Deutschen Kaiserreichs 1871 → preußischer Militarismus; Bürgertum als führende Schicht; Verschärfung der Sozialen Frage durch Industrialisierung; Verstädterung → **Orientierungslosigkeit** durch Verlust von Normen
- **„objektive" Darstellung** der unmittelbaren Lebenswelt, aber **Ausklammerung des Hässlichen/Niederen** sowie der Sozialen Frage → **Poetisierung** der Wirklichkeit
- Bürgertum als tragende Schicht → Darstellung **bürgerlichen Milieus und Ideale,** aber auch **historische Stoffe** mit überzeitlichem Geltungsanspruch → Streben nach Nationalliteratur
- Themen: Liebe, Vergänglichkeit, Heimat, Naturerleben
- Entstehung eines Literaturmarktes → Verbreiterung der Leserschaft → **Unterhaltungsliteratur**
- Roman und Novelle als zentrale Gattungen; in der Lyrik v. a. Balladen
- Stil: gewählte, **neutrale Sprache; Humor und Ironie**

Naturalismus (ca. 1880 – 1900)

- Hintergründe: **Milieutheorie = Mensch als Produkt der ihn umgebenden Verhältnisse:** Vererbung, Milieu, historische Umstände; **Industrialisierung und Proletarisierung** → Verschärfung der Sozialen Frage, Anwachsen der Großstädte zu Metropolen
- **radikalisierter, konsequenter Realismus** mit Wegfall der verklärenden Poetisierung → Blick auf **hässliche Wirklichkeit sozialen Elends** und Kritik an sozialen Verhältnissen
- „Kunst = Natur – X" (A. Holz): **möglichst Entsprechung von Kunst und Natur**, Faktor X (Autor und seine Subjektivität) soll möglichst klein sein
- Themen: **Armenmilieus, Familienprobleme** unterer Schichten, **Doppelmoral, Großstadt**, dunkle und hässliche Seiten des Lebens, Kriminalität, Geisteskrankheit, Alkoholismus
- **sozialkritisches Drama** als bedeutendste Gattung
- präzises Beobachten, **Sekundenstil** (Erzählzeit = erzählter Zeit), natürliche Sprache (z. B. Dialekt

Strömungen der Jahrhundertwende (ca. 1890 – 1910)

- Hintergründe: Infragestellen der Selbstbestimmtheit des Menschen durch die **Psychoanalyse**; starrer Wilhelminismus → Entstehung eines grundlegenden **Krisenbewusstseins** → Strömungen des **Impressionismus und Symbolismus** als Weg nach innen mit quasireligiöser Aufladung
- Idee einer reinen, sich selbst genügenden Kunst („l'art pour l'art") als **Gegenströmung zum Naturalismus** → **keine politische Funktion der Kunst**, sondern Flucht in eine Gegenwelt
- Träger: großbürgerliche Bohème, die sich in Kaffeehäusern selbst feiert
- **Impressionismus:** Wiedergabe eines subjektiven Sinneseindrucks mit höchster Intensität

- **Symbolismus:** Absolutheitsanspruch der Kunst, gegen Abbildungsfunktion der Kunst gerichtet
- Themen: **Abgrenzung zum naturalistischen Erfassen** der Realität, Besinnung auf das „Ich", Individualität, Subjektivität, Sprache, Kultur, Vergänglichkeit
- kürzere, zum Teil auch experimentelle Formen; **symbolische Verdichtung**, **Verfeinerung der Sprache**, Auflösung traditioneller Formen, **Bewusstseinsstrom**, innerer Monolog, erlebte Rede

Expressionismus (ca. 1910–1925)

- Hintergründe: **Verstädterung** und Anonymisierung, technischer Fortschritt, erstarrte wilhelminische Gesellschaft → verschärftes Krisenbewusstsein, **Sinnkrise**, Erster Weltkrieg
- Pathos des Aufbruchs und unbedingter Wille zum **Ausdruck des Erlebens**
- Bedrohung des Subjekts durch **Ich-Zerfall** → Darstellung des Körpers in Verfallszuständen
- pathetische **Beschwörung eines neuen Menschen**, der Liebe und Verbrüderung lebt (**„O-Mensch!"-Expressionismus**)
- **Großstadt** (v. a. Berlin) als Ort der Reizüberflutung, Orientierungslosigkeit und Anonymität
- Erfahrung der Verhältnisse des Kaiserreichs als verkrustet → **Kriegsbegeisterung** bei einigen Autoren – nach Kriegserfahrung häufig **Pazifismus** und Verarbeitung der Erlebnisse
- Themen: Lebens- und Vitalkult, **Krieg** und Pazifismus, **Weltende und Apokalypse**, Krise des Ich, Tabus (Ästhetik des Hässlichen: Geisteskrankheit, Prostitution, Verbrechen), **Großstadt**
- **Lyrik** als präsenteste Gattung → **Reihungsstil**, elliptische Konstruktionen, Neologismen, Farbmetaphorik, Auflösung syntaktischer Regeln, Verdinglichung
- Dramatik: **Stationendrama** (lose Szenenfolge), **Wandlungsdrama** (Wandlung eines Einzelnen)

Neue Sachlichkeit (ca. 1920–1933)

- Hintergründe: von vielen abgelehnte Weimarer Republik; wirtschaftliche Schwierigkeiten aufgrund von Reparationslasten; „Goldene Zwanziger" mit kultureller Vielfalt
- dezidierte **Abkehr vom Expressionismus** und Hinwendung zur **Lebensrealität** mit ihren sozialen und wirtschaftlichen Verhältnissen und zum **sachlich-nüchternen Schreiben**
- Bewusstsein von Desillusionierung und Übergang in eine neue Zeit (Schwellenzeit-Gefühl)
- Themen: Großstadt, Verarbeitung des Kriegs, **Probleme der „kleinen Leute"**, Alltagsleben
- **Gesellschafts- und Zeitromane**, Dokumentartheater und **Episches Theater**
- Mischung von **journalistischen, dokumentarischen und literarischen Anteilen** → kühl-distanzierte, **einfache**, **verständliche Sprache**

NS-Zeit und Exil (1933–1945)

- Hintergründe: **nationalsozialistische Herrschaft** mit totalitärer Durchdringung des gesamten Lebens → **„Gleichschaltung"** der Kunst und Literatur durch Bücherverbrennung, Verfolgung und Zensur; **Zweiter Weltkrieg**, Erfahrung des Exils → Freitod zahlreicher Autoren
- **NS-Literatur:** regimekonform; **Gestaltung ideologischer Motive** wie Rasse, Führertum, Deutschtum, Kampf, Gewalt, Blut-und-Boden-Ideologie → stereotype Metaphern
- **innere Emigration: getarntes Schreiben** als geistige Opposition gegen Ungeist des NS-Regimes → gehobene, oft verschlüsselte Sprache; Schreiben in europäisch-humanistischer Tradition
- **Exilliteratur:** Humanität, Opposition zur NS-Ideologie, Zeigen des „anderen" Deutschlands
- Roman vorherrschende Gattung (Reflexion der eigenen Situation), Drama nur Nebenrolle (Ausnahme: Bertolt Brecht), Verarbeitung der emotionalen Situation in der Lyrik
- Abkehr vom Stil des Expressionismus → Bevorzugung traditioneller Formen

Auf einen Blick

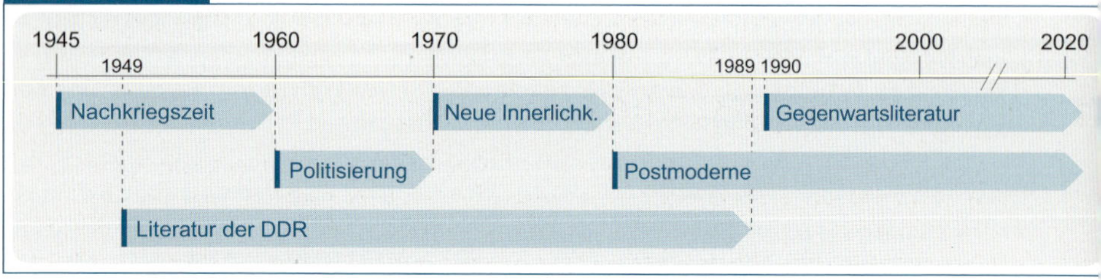

Literatur der Nachkriegszeit und des Wiederaufbaus (1945 – ca. 1960)

- Hintergründe: Ende des Zweiten Weltkriegs; **Welt in Trümmern**; „Stunde Null"; Aufteilung Deutschlands in vier Besatzungszonen; **Wiederaufbau**; Gründung der Bundesrepublik und der DDR; „Kalter Krieg"; Wirtschaftswunder; Scham, Schuld, Verdrängung angesichts der NS-Zeit
- **„Trümmerliteratur":** Betonung der Traumatisierung durch Krieg und Zerstörung
- **„Literatur des Kahlschlags":** Betonung des Neubeginns wegen Belastung der Sprache durch Missbrauch im NS-System → Frage, inwieweit Dichtung nach NS-Verbrechen noch möglich ist
- Themen: Schrecken des Kriegs, **Heimkehr**, Orientierungslosigkeit, Schuld, Scham, Klage und Anklage, Versuch der **Aufarbeitung der Vergangenheit**
- Aufkommen der **Kurzgeschichte**, zeitkritische Dramen, oft hermetische Lyrik mit schwer verständlichen Chiffren oder konkrete Poesie als sprachexperimentelle Lyrik
- Stilideal der **Nüchternheit**, Verzicht auf Pathos → **schmucklos-karge Sprache**, indirekte Ausdrucksformen (Parabeln, Chiffren, Gleichnisse)

Politisierung der Literatur (1960er-Jahre)

- Hintergründe: existenzielle Bedrohung durch „Kalten Krieg" → **Angst vor einem Atomkrieg**; Vietnamkrieg → Distanzierung von den USA; Große Koalition → Entstehung der **APO** → **68er-Bewegung** als Protestbewegung mit antiautoritären und pazifistischen Zielen
- Diskussionen über Verhältnis von Literatur und Politik → Gesellschafts- und Zeitkritik als Aufgabe der Literatur → **Politisierung der Literatur**
- Themen: **gesellschaftspolitische und soziale Probleme**, **Kritik an Verdrängung der NS-Vergangenheit**, Frage nach Rolle der Eltern im NS-Staat, deutsche Teilung
- politischer Zeitroman, **Dokumentartheater**, **politische Lyrik** und experimentelle Gedichte
- Forderung von Verständlichkeit und Abkehr von jeglichen Ideologien → teilweise Auflösung der Grenzen zwischen literarischen und nicht-literarischen Formen

Neue Innerlichkeit/Neue Subjektivität (1970er-Jahre)

- Hintergründe: Rückzug vom Politischen vs. Radikalisierung (**RAF**-Terror); Entstehung der **Frauenbewegung**; Entspannung im Ost-West-Konflikt (Ostpolitik Brandts, KSZE-Schlussakte)
- **Resignation und Identitätssuche** → Aufwertung des Individuums und seiner Subjektivität → **Neue Subjektivität/Neue Innerlichkeit:** Gestaltung subjektiver Wirklichkeit und Verarbeitung innerer Erfahrung → Tendenz zu **autobiografischer Bekenntnisliteratur**
- gesellschaftskritische **feministische Literatur** mit Infragestellung traditioneller Rollenbilder
- Themen: **Selbstfindung**, **Selbsterfahrung und Innenschau**, Alltag und Beziehungen, Erleben des Einzelnen im Spannungsfeld zur Gesellschaft, Gewaltstrukturen im Geschlechterverhältnis

- Lyrik und Epik als bevorzugte Gattungen zur Darstellung von Innerlichkeit
- Streben nach **Authentizität:** Tendenz zu sprachlicher Kunstlosigkeit und Umgangssprache, zugleich emotionale und subjektive Sprache

Postmoderne (Strömung der 1980er-Jahre bis heute)

- Hintergründe: **Ökologie** als neues Thema in der Politik; allmähliche Liberalisierung des Ostblocks durch Gorbatschow; atomare, ökologische, soziale Katastrophen → neues **Krisenbewusstsein**
- zunehmende **Vielgestaltigkeit der Literatur** und Fortwirken der Tendenzen der 1970er-Jahre
- Nebeneinander verschiedener „Literaturen": Jugendliteratur, Trivialliteratur, experimentelle Literatur, gesellschaftskritische Literatur
- Annahme der Beliebigkeit von Wirklichkeit → **Infragestellen von Ideologien und Werten**
- **Konstruktivismus:** Wahrheit als gesellschaftliches Konstrukt → Pluralität von Sinnentwürfen
- Aufwertung der **Unterhaltsamkeit von Literatur** → Öffnung hin zu „Trivialgattungen" wie Schauerroman oder Kriminalroman
- Roman als bevorzugte Gattung → zahlreiche **intertextuelle Bezüge**
- Nebeneinander und **Montage verschiedener Stile und Formen**, Vorliebe für **Ironie**

Literatur der DDR (1950 – 1989)

- Hintergründe: Gründung der **DDR** als Teil des totalitär regierten, sozialistischen Machtblocks unter der Herrschaft der Sowjetunion; Abschottung gegenüber dem Westen; **Stasi** → Kontrolle und **Zensur**; ab 1985 Stärkung der Bürgerrechtsbewegung; 1989 friedliche Revolution/Mauerfall
- staatlich verordnete Strömung des **Sozialistischen Realismus:** antifaschistisch, antikapitalistisch, arbeiternah → Ideal des selbstlosen und leistungsbereiten Arbeiters für das Gemeinwohl
- staatlich verordnete **Aufbauliteratur** der 1950er-Jahre: Überlegenheit des Sozialismus gegenüber Faschismus/Imperialismus
- **„Bitterfelder Weg":** Arbeiter als Schriftsteller und Schriftsteller als Arbeiter → **Idealisierung des Arbeiters** in der Literatur
- staatlich kontrollierte **Ankunftsliteratur** der 1960er-Jahre: Einrichten im Sozialismus
- **nicht systemkonforme Literatur:** subversive Aussagen, die durch Anspielungen, Verschlüsselungen und Verlegungen des Stoffs in den Mythos an Zensur vorbeikommen
- Epik und Lyrik als zentrale Gattungen; Liedtexte als kritische Ausdrucksform

Tendenzen der Gegenwartsliteratur (1990 – heute)

- Hintergründe: Wiedervereinigung 1990; Vormarsch **digitaler Massenmedien** (Internet, Smartphones, E-Books, soziale Netzwerke); islamistische Terroranschläge und Kampf gegen den Terror; **Globalisierung**; Flüchtlingsproblematik; Umgang mit Daten
- **Pluralismus:** gleichberechtigtes Nebeneinander verschiedener Menschenbilder und Kulturen → Herausforderung für Literatur, komplexer werdende Welt zu verarbeiten
- **Vermarktbarkeit** als zentrales Kriterium für Literatur → zunehmende Produktion von **Unterhaltungsliteratur** bzw. von Übersetzungen aus dem Ausland
- Themen: **Identität des Einzelnen** in globalisierter Welt, Auseinandersetzung mit DDR (**Wendeliteratur**), provokante Selbstinszenierung junger Schriftsteller und Aufgreifen von Alltagsthemen (**Popliteratur**), Fremdheitserfahrung (**interkulturelle Literatur**), biografisches Schreiben
- Roman als vorherrschende Textform
- facettenreiche Sprache, die z. T. an Ausdruckskraft verliert (→ Ausrichtung auf breites Publikum)

Sachtexte

Essay

- geistreiche und sprachlich anspruchsvolle Abhandlung zu einem Thema aus z. B. Wissenschaft, Politik, Gesellschaft, Literatur, Religion (auch: Gedankenspaziergang vor den Augen des Lesers)
- ausgehend von konkreter Fragestellung werden in freier, oft unsystematischer Form Pro- und Kontrapositionen rhetorisch geschickt dargestellt, wobei persönliche Ansichten und Erlebnisse im Vordergrund stehen können
- gekennzeichnet durch Leichtigkeit, Unbefangenheit und stilistische Virtuosität, oft Verzicht auf objektive Nachweise und definitive Antworten

Glosse

- zugespitzte, wertende Anmerkung zu tagesaktuellem Thema mit abschließender Pointe
- satirische Form des Kommentars, oft zahlreiche rhetorische Mittel (z. B. Hyperbel, Ironie)

Interview

- Wiedergabe eines Frage-Antwort-Gesprächs zwischen Journalist und einer oder mehreren Personen (meist des öffentlichen Lebens, d. h. aus Film/Fernsehen, Politik, Sport usw.)
- Ziel ist z. B. Klärung eines strittigen Sachverhalts, Vorstellung einer Person, Meinungsäußerung

Kommentar

- subjektiv wertender Meinungsbeitrag zu aktuellem bzw. allgemein bekanntem Thema
- Autor (immer namentlich genannt) legt persönlichen Standpunkt sprachlich geschickt dar, versucht Leser argumentativ zu überzeugen, teils ironisch-spöttischer Stil
- beginnt meist mit Hintergrunderläuterungen zum Thema und endet mit Fazit bzw. Appell

Rede

- öffentlicher Vortrag (basierend auf schriftlichem Konzept) zu einem gesellschaftlichen, privaten oder geschäftlichen Thema, oft mit dem Ziel, Zuhörer von den eigenen Ansichten zu überzeugen
- geschickter Einsatz rhetorischer Mittel und Adressatenbezug durch direkte Ansprache

Rezension

- anschaulich und präzise formulierte Zusammenfassung und persönliche Bewertung eines Buchs, einer Theaterinszenierung oder eines Films
- Ziel: Leser informieren und ggf. Empfehlung abgeben

Epik

Fabel

- unterhaltsame Erzählung von geringem Umfang mit lehrhafter Schlusspointe
- die Handelnden sind Tiere, die für menschliche Eigenschaften stehen (z. B. Biber → Fleiß)
- endet in der Regel mit „Moral“ = Lehre für den Menschen

Kurzgeschichte

- Geschichte, die in einem Zug zu lesen ist (< 20 Seiten)
- handelt meist von alltäglichen Begebenheiten, die eine überraschende Wendung nehmen
- wenige Figuren, oftmals „Typen“ (keine Namen, übertragbar)
- in der Regel nur ein Handlungsstrang, umfasst relativ kurze Zeitspanne, kein Ortswechsel
- beginnt mit unmittelbarem Einstieg, keine Vorstellung der Figuren, rascher Handlungsverlauf (→ Höhepunkt), endet offen (d. h. mehrere Ausgänge der Handlung denkbar)

Märchen

- Ort und Zeit unbestimmt, formelhafte Sprache (*Es war einmal ...*)
- Figuren / Verhalten in „gut“ und „böse“ einteilbar, das Gute gewinnt → belehrender Charakter
- Gegenstände und Figuren aus mittelalterlicher Gesellschaft (*Königssohn*) oder magischer Welt (*Zauberspiegel*), übernatürliches Geschehen (*Hexerei*), oft magische Zahlen (3, 7, 12)

Novelle

- Erzählung mittlerer Länge, in deren Mittelpunkt ein außergewöhnliches Ereignis steht
- Handlung in der Regel einsträngig mit Höhe-/Wendepunkt und geschlossenem Ende
- oft Leitmotive oder wiederkehrende Dingsymbole, Einfluss des Zufalls auf Schicksal der Figuren

Roman

- Erzählung von großem Umfang mit zahlreichen komplexen Figuren und Handlungsverläufen
- oft psychologisch ausgestaltete Hauptfigur
- zahlreiche Genres: Kriminalroman, Liebesroman, Abenteuerroman, Fantasyroman usw.

Dramatik

Komödie

- unterhaltsames, humorvolles Theaterstück, oftmals mit klassischem Aufbau (fünf Akte)
- Protagonisten geraten aufgrund ihrer Schwächen in Konflikt, der sich immer weiter verschärft
- endet mit glücklicher Auflösung des Konflikts, in der Regel gewinnen die „Guten“

Tragödie

- tragisches, emotional bewegendes Theaterstück, oft mit klassischem Aufbau (fünf Akte)
- Protagonisten geraten durch schicksalhafte Fügungen (z. B. Verlieben in die „falsche Person“) oder menschliche Fehltritte in schwerwiegenden Konflikt
- endet meist mit dem dramatischen Tod des Helden/der Heldin und weiterer Figuren

Lyrik

Ballade

- Gedicht, in dem auf anschauliche, lebendige Weise eine Geschichte erzählt wird (Erzählgedicht)
- formal: Strophen, Verse, Reime, Metrum; sprachlich: oft wörtliche Rede; inhaltlich: spannender Handlungsverlauf (Themen: z. B. Liebe, Heldentaten) → vereint Lyrik, Epik und Dramatik

Lied

- sangbares Gedicht mit durchgängig der gleichen Strophenform (meist Übereinstimmung der Strophe mit einem Satz)
- alternierende Verse mit Kreuz- oder Paarreim und schlichte, gut verständliche Sprache
- oft unmittelbarer Ausdruck lyrischer Empfindungen bzw. individuellen Erlebens → besondere Beliebtheit in der Romantik

Sonett

- sprachlich und formal kunstvoll gestaltetes Gedicht
- in der Regel strenger Aufbau: zwei Quartette (Strophen aus vier Versen) gefolgt von zwei Terzetten (Strophen aus drei Versen)
- häufig inhaltlicher Gegensatz zwischen Quartetten und Terzetten, letzte Verse oft wie Pointe

Stilmittel	Beispiel
Akkumulation: Anhäufung von Wörtern ohne Nennung eines Oberbegriffs	*Sonne, Mond und Sterne*
Allegorie: systematisierte Metapher, die durch Reflexion erschließbar ist	*Justitia (Gerechtigkeit)*
Alliteration: aufeinanderfolgende Wörter mit gleichem Anlaut	*wunderbare Welt, Kind und Kegel, zehn zahme Ziegen*
Allusion: Anspielung	*Du weißt, was ich meine.*
Anapher: gleicher Anfang aufeinanderfolgender Sätze / Verse	*Gehe nach Hause. Gehe dorthin, so schnell du kanns*
Anrede: Hinwendung an den Adressaten	*Meine Damen und Herren, …*
Antithese: einander entgegengestellte Begriffe, Bedeutungen oder Gedanken	*Ruhe auf dem Land, Lärm in der Stadt, Himmel und Hölle*
Aphorismus: knapp formulierter Sinnspruch	*Die Zeit heilt alle Wunden.*
Archaismus: veralteter sprachlicher Ausdruck	*Seid gegrüßt, holde Maid!*
Assonanz: vokalischer Gleichklang	*sobald, Obacht, Wohlklang*
Asyndeton: Reihung ohne Konjunktionen	*Er kam, sah, siegte.*
Chiasmus: Überkreuzstellung	*Der Einsatz war groß, klein war der Gewinn.*
Chiffre: Zeichen, dessen Inhalt rätselhaft und letztlich nicht zu erfassen ist	*Purpurne Seuche, Hunger, der grüne Augen zerbricht*
Diminutiv: Verkleinerungsform	*Blümlein, Mäuschen*
Ellipse: unvollständiger Satz, fehlende Satzteile	*Je früher, desto besser.*
Enjambement: Satz greift auf nächsten Vers über	*Die Wolken fliegen / über das weite Land.*
Epipher: gleiches Ende aufeinanderfolgender Sätze / Verse	*Alle lieben den Hund. Die Nachbarn reden nur noch über diesen struppigen Hund.*
Euphemismus: beschönigende Umschreibung, Untertreibung	*Wir müssen Personal abbauen.* (anstatt: *Wir müssen unseren Mitarbeitern kündigen.*)
Exclamatio: Ausruf	*Hoch soll er leben!*
Geminatio: unmittelbare Wiederholung eines Wortes oder Satzteils	*Geh, geh!*
Hyperbel: sehr starke Übertreibung	*Ich warte hier schon drei Millionen Jahre auf dich.*
Inversion: Abweichung von normaler Satzstellung	*Am Straßenrand eine seltene Pflanze ich sah.*
Ironie: versteckter Spott, gemeint ist das Gegenteil von dem, was geschrieben bzw. gesagt wird	*Du bist mir ja ein Superhirn!* (anstatt: *Das war dämlich von dir.*)

Stilmittel	Beispiel
Klimax: (meist dreischrittige) Steigerung	*Sie kicherten, lachten, grölten.*
Lautmalerei: Nachahmung eines (Natur-)Lautes	*Klingeling, Kikeriki, Ticktack*
Litotes: Bejahung durch doppelte Verneinung	*Die Schüler sind nicht unwillig.*
Metapher: bildhafter Ausdruck mit übertragener Bedeutung, Vergleich ohne Vergleichspartikel	*Du bist die Sonne meines Lebens. Dein Haar ist flüssiges Gold. Wir stehen am Fuß des Berges.*
Metonymie: Verwendung eines Ausdrucks in übertragener Bedeutung (Gesagtes und Gemeintes stammen aus demselben Wirklichkeitsbereich)	*Deutschland jubelt, Kafka lesen, eine Tasse trinken*
Neologismus: Wortneuschöpfung	*Himmelsengelsstimme*
Oxymoron: Kombination aus Wörtern, die sich widersprechen	*bittersüß, alter Knabe, Hallenfreibad, Eile mit Weile*
Paradoxon: inhaltlich unlogische und widersinnige Aussage, meist in Form eines ganzen Satzes	*Der Schmerz des Verlusts erfüllte sein Herz mit Freude.*
Parallelismus: aufeinanderfolgende Sätze oder Satzteile mit gleichem Satzbau	*Nina traf Nils im Park. Max besuchte Tatjana im Café.*
Parenthese: Einschub	*Dieses Buch – ich möchte ehrlich sein – hat mir nicht gefallen.*
Periphrase: Umschreibung eines Begriffs	*„der Gefallene“* für *„Sünder“*
Personifikation: Gegenständen oder abstrakten Begriffen werden menschliche Fähigkeiten / Eigenschaften zugeschrieben	*Der Wind spielte mit ihrem Haar und streichelte ihre Wange.*
Pleonasmus: Häufung sinngleicher Wörter	*Sie ist brav, nett, lieb.*
Polysyndeton: Verbindung zwischen Wörtern und Satzteilen durch mehrmalige Wiederholung derselben Konjunktion	*Und es wallet und siedet und brauset und zischt.*
Rhetorische Frage: Scheinfrage, erwartet keine Antwort	*Wer hat noch nie einen Fehler gemacht? Hast du vollkommen den Verstand verloren?*
Symbol: Sinnbild, das für Abstraktes steht	*rote Rose* (für Liebe), *weiße Taube* (für Frieden)
Synästhesie: Vermischung von Sinnesgebieten	*goldene Töne*
Synekdoche: Ein Teil steht für das Ganze (auch Pars pro toto) oder das Ganze steht für einen Teil (auch Totum pro parte).	*ein Dach über dem Kopf haben, eine Bibliothek lesen*
Vergleich: bildhafter Ausdruck, durch Vergleichswort (*wie, als*) mit Gemeintem verknüpft	*Sie ist leicht wie eine Feder, er ist schwer wie ein Elefant.*

Detlev von Liliencron: Die Musik kommt (1883)

Klingling, bumbum und tschingdada,
Zieht im Triumph der Perserschah?
Und um die Ecke brausend bricht's
Wie Tubaton des Weltgerichts,
Voran der Schellenträger.

Brumbrum, das große Bombardon,
Der Beckenschlag, das Helikon,
Die Piccolo, der Zinkenist[1],
Die Türkentrommel, der Flötist,
Und dann der Herre Hauptmann.

Der Hauptmann naht mit stolzem Sinn,
Die Schuppenketten unterm Kinn,
Die Schärpe ziert den schlanken Leib,
Beim Zeus! Das ist kein Zeitvertreib!
Und dann die Herren Leutnants.

Zwei Leutnants, rosenrot und braun,
Die Fahne schützen sie als Zaun;
Die Fahne kommt, den Hut nimm ab,
Der bleiben treu wir bis ins Grab!
Und dann die Grenadiere.

Der Grenadier im strammen Tritt,
Im Schritt und Tritt und Tritt und Schritt,
Das stampft und dröhnt und klappt und flirrt,
Laternenglas und Fenster klirrt.
Und dann die kleinen Mädchen.

Die Mädchen alle, Kopf an Kopf,
Das Auge blau und blond der Zopf,
Aus Tür und Tor und Hof und Haus
Schaut Mine, Trine, Stine aus.
Vorbei ist die Musike.

Klingling, tschingtsching und Paukenkrach,
Noch aus der Ferne tönt es schwach,
Ganz leise, bumbumbumbum tsching;
Zog da ein bunter Schmetterling,
Tschingtsching, bum, um die Ecke?

Aus: Rupert Hirschenauer und Albrecht Weber (Hrsg.): Wege zum Gedicht. München und Zürich, S. 261 f.

Erläuterung

1 Bombardon, Helikon, Piccolo, Zink: Blechblasinstrumente, die in Militärkapellen gespielt werden

Arno Holz: Ein Andres (1886)

Fünf wurmzernagte Stiegen geht's hinauf
Ins letzte Stockwerk einer Miethskaserne;
Hier hält der Nordwind sich am liebsten auf
Und durch das Dachwerk schaun des Himmels Sterne.
Was sie erspähn, o, es ist grad genug,
Um mit dem Elend brüderlich zu weinen:
Ein Stückchen Schwarzbrod und ein Wasserkrug,
Ein Werktisch und ein Schemel mit drei Beinen.

Das Fenster ist vernagelt durch ein Brett
Und doch durchpfeift der Wind es hin und wieder,
Und dort auf jenem strohgestopften Bett
Liegt fieberkrank ein junges Weib danieder.
Drei kleine Kinder stehn um sie herum,
Die stieren Blicks an ihren Zügen hangen,
Vor vielem Weinen ward ihr Mündlein stumm
Und keine Thräne mehr netzt ihre Wangen.

Ein Stümpfchen Talglicht giebt nur trüben Schein,
Doch horch, es klopft, was mag das nur bedeuten?
Es klopft und durch die Thür tritt nun herein
Ein junger Herr, geführt von Nachbarsleuten.
Der Armenhilfsarzt ist's aus dem Revier,
Den sie geholt aus Mitleid mit der Kranken,
Indeß ihr Mann bei Branntwein oder Bier
Sich selbst betäubt und seine Wuthgedanken.

Der junge Doctor aber nimmt das Licht
Und tritt mit ihm ans Bett des armen Weibes,
Doch gelb wie Wachs und spitz ist ihr Gesicht
Und kalt und starr die Glieder ihres Leibes.
Da schluchzt sein Herz, indeß das Licht verkohlt,
Von nie gekannter Wehmut überschlichen:
Weint, Kinder, weint! ich bin zu spät geholt,
Denn eure Mutter ist bereits – verblichen.

Aus: Jürgen Schutte / Peter Sprengel (Hrsg.): Die Berliner Moderne 1885–1914. Ditzingen: Reclam, S. 260.

Stefan George: Im Unterreich (1892)

Mein garten bedarf nicht luft und nicht wärme.
Der garten den ich mir selber erbaut
und seiner vögel leblose schwärme
Haben noch nie einen frühling geschaut.

Von kohle die stämme. von kohle die äste
Und düstere felder am düsteren rain[1].
Der früchte nimmer gebrochene läste[2]
Glänzen wie lava im pinien-hain.

Ein grauer schein aus verborgener höhle
Verrät nicht wann morgen wann abend naht
Und staubige dünste der mandel-öle
Schweben auf beeten und anger[3] und saat.

Wie zeug ich dich aber im heiligtume
– So fragt ich wenn ich es sinnend durchmaß
In kühnen gespinsten der sorge vergaß –
Dunkle große schwarze blume

Aus: Stefan George: Werke. Ausgabe in vier Bänden; Bd. I. München 1983, S. 49.

Die weitgehende Kleinschreibung und das Fehlen von Kommas sind typisch für die Lyrik von Stefan George.

Erläuterungen

1 Rain: seltene Bezeichnung für Ackergrenze

2 Läste: ungewöhnlich für Lasten

3 Anger: grasbewachsenes Land

Rainer Maria Rilke: Das Karussell Jardin du Luxembourg (1906)

Mit einem Dach und seinem Schatten dreht
sich eine kleine Weile der Bestand
von bunten Pferden, alle aus dem Land,
das lange zögert, eh es untergeht.
Zwar manche sind an Wagen angespannt,
doch alle haben Mut in ihren Mienen;
ein böser roter Löwe geht mit ihnen
und dann und wann ein weißer Elefant.

Sogar ein Hirsch ist da, ganz wie im Wald,
nur daß er einen Sattel trägt und drüber
ein kleines blaues Mädchen aufgeschnallt.

Und auf dem Löwen reitet weiß ein Junge
und hält sich mit der kleinen heißen Hand,
dieweil der Löwe Zähne zeigt und Zunge.

Und dann und wann ein weißer Elefant.

Und auf den Pferden kommen sie vorüber,
auch Mädchen, helle, diesem Pferdesprunge
fast schon entwachsen; mitten in dem Schwunge
schauen sie auf, irgendwohin, herüber –

Und dann und wann ein weißer Elefant.

Und das geht hin und eilt sich, daß es endet,
und kreist und dreht sich nur und hat kein Ziel.
Ein Rot, ein Grün, ein Grau vorbeigesendet,
ein kleines kaum begonnenes Profil –.
Und manchesmal ein Lächeln, hergewendet,
ein seliges, das blendet und verschwendet
an dieses atemlose blinde Spiel …

us: Rainer Maria Rilke: Werke, Kommentierte Ausgabe,
rsg. von Manfred Engel u. a., Bd. 1: Gedichte 1895 bis 1910.
rankfurt a. M., Leipzig 1996, S. 490 f.